JN080918

大学入試

英作文
ハイパートレーニング
自由英作文編
PLUS

一文をつくることから
はじめる自由英作文

代々木ゼミナール講師
大矢　復

桐原書店

はじめに

ひとつの文を組み立てることからスタートする自由英作文

本書の一番の特徴をひとことで言うなら「**文章を組み立てる前にまず文を組み立てよう！**」ということです。これは一見，当たり前のことのように思えるかもしれません。「自由英作文」という問題形式で自分の意見をある程度の長さの英語の文章で表現することを求められたなら，当然，まず一つ一つの文を書き，それをつなげて文章にするわけですから。

自由英作文の指導はパラグラフ・ライティングばかりだった

それでも，そんな当たり前のことをテーマとして本書を執筆したのには理由があります。それを説明するために少々，昔話をさせてください。

昔は，日本の大学入試で出題される英作文は和文英訳だけでした。ところが1990年～2000年頃，これからは英語で自分の意見を表現する力が大切だということになり，自由英作文という出題形式が大学入試に誕生したのです。

当時の受験生は新しい出題形式に戸惑いましたし，指導者たちもどのように指導したらよいのか困りました。そして，そのとき指導の手本にしたのが英米（特にアメリカ）でのパラグラフ・ライティングといわれる指導手法でした。つまり，英語ネイティブの学生向けの論文の指導法をそのまま日本に持ち込んだのです（日本で初めて自由英作文の参考書を書いたのは他ならぬ当時の私なので，責任は私にもあるのですが）。

非ネイティブには非ネイティブのやり方を！

これは当初，うまくいくように見えました。当時の受験生はまさに「自由英作文」という名のとおり自由に，勝手気ままに答案を書くため，最低限守るべき文章の「型」を教える効果はありましたので。

ところが，次第に欠点が見えるようになってしまいます。パラグラフ・ライティングというのは，その名のとおり英語を母語とする学生に文章（パラグラフ）の組み立て方を教える手法であり，そもそも**英語を母語としない日本の学生にはそれ以前に，ひとつの文を組み立てるという点にすら困難がある**からです。

結果は，「仏造って魂入れず」ということわざを具現したような答案ばかりが目立つことになりました。日本語で書くとするならこんな答案です。「私はネコが好きです。理由は2つあります。まず，可愛いからです。そして，遊び相手になるからです。だから，結論としてネコが好きです」

確かに，自分の主張を最初に述べて，その次に理由を書き，最後に結論を述べるというパラグラフ・ライティングの教科書的な原則は守られています。けれども，一つ一つの文が短くバラバラで，その結果，内容も幼稚で語数もなかなか長く書けないというような答案なのがわかると思います。

結論としては，非ネイティブの学生には**非ネイティブのための指導方針**があるだろうということです。

改訂版ではなく新しい本です！

本シリーズには，すでに『英作文ハイパートレーニング 自由英作文編』という本書の前身となるものがあります。しかし，本書『**英作文ハイパートレーニング 自由英作文編 Plus**』はその改訂版ではなく，**まったく新しい本**です。それは2つの点に集約できます。

まず，社会の変化が激しく，自由英作文に取り上げられるテーマもここ10年ほどで激変したので，**新しいテーマを採り上げた**こと。

そしてそれ以上に，パラグラフ（文章）を書く前に**ひとつの文を書く技術**を学んでもらうことを主眼としたことです。

本書の構成について

繰り返しになりますが，本書の一番の特徴は，まず一つ一つの文の書き方（組み立て方と言ったほうがよいかもしれません）を丁寧に学び，実際にそれを練習して身につけることから始めるところにあります。

次のページの「本書の構成と利用法」に詳述しますが，本書の大まかな流れは次のとおりです。

ひとつの文をちゃんと書く⇒それをつなげて複数の文を書く⇒文章を書く

考えてみれば，当たり前の順番なのですが，その当たり前のことを丁寧に学んでいきましょう。

本書を通じ，みなさんが英語で（他の言語でもよいですが）自分の意見を表現する楽しみを感じてくれれば著者の望外の喜びです。

2024年5月　　大矢 復

本書の構成と利用法

　本書は，まずひとつの文をつくるトレーニングから始め，そこから順を追って長い文章を組み立てられるようにしていくという構成です。自由英作文の指導でありがちな，まず全体の「型」を教えるという手法とは逆の順番になっています。

[Chapter 1]

論理的な1文を書こう

　「理由」「条件」「手段」「目的」「対比」など，論理的な文を組み立てるために必要な道具を学んでもらいます。さまざまな道具を使って論理的な1文をつくる練習をしましょう。それがスタートです！

[Chapter 2]

2～3文で自分の意見を書こう

　[Chapter 1] で学んだ道具を使って，自分の意見を2～3文で書くトレーニングをします。この時点ですでに60語程度の英文を書くことになります。

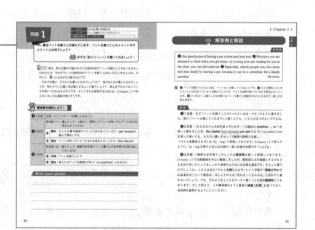

[Chapter 3]

パラグラフ・ライティングの構成の仕方と過去問演習17

いよいよパラグラフ・ライティング的な要素も踏まえて入試問題に挑戦します！ 定番タイプ，頻出のテーマから始めて，時事問題，表やグラフ，イラストが含まれる問題など，さまざまなタイプの17の過去問に取り組みます。

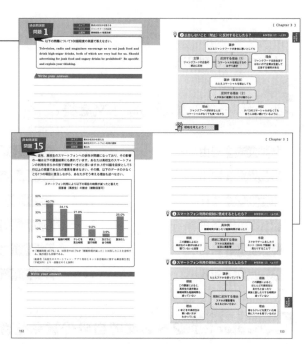

[Chapter 4]

自由英作文で使う頻出語彙154

最後に，自由英作文で使うことが多い頻出語彙をまとめました。語法なども詳しく説明してあり，充実した内容となっています。こちらも併せて活用してください。

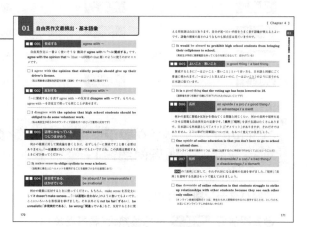

※本書の解答例・解説は，すべて著者の書き下ろしによるものです。
　なお，本書内での入試問題の使用にあたっては，弊社が一切の責任を負います。

Contents

[Chapter 1] 論理的な1文を書こう

[Chapter 2] 2〜3文で自分の意見を書こう

[Chapter 3] パラグラフ・ライティングの構成の仕方と 過去問演習17

[Chapter 4] 自由英作文で使う頻出語彙154

[Chapter 1]

論理的な
1文を書こう

この章のねらい

本書の一貫したテーマは，英語で「文章」を書かなければいけない自由英作文に取り組むにあたって，まずは論理的な「1つの文」をしっかり組み立てる力を養うことです。

例えば「自転車に乗るときにはヘルメットを着用しよう」と言う代わりに，「ヘルメットを着用していれば，たとえ転んでも車にはねられても被害を最小限にできるので，ヘルメットを着用しよう」のように言うと，言いたいことがハッキリしますし説得力もありますね。

でも，そのためには「被害を最小限にできるので」という理由を述べたり，「たとえ転んでも…」のような譲歩を述べたりすることが必要になります。理由や譲歩だけではありません。条件や目的など，論理的な文を組み立てるための道具はほかにもいろいろあります。[Chapter 1] はそうした「道具」を学んで，実際に使ってみる練習をします。

理由を述べる道具
↓
You must wear a helmet when you ride a bike, because it protects your head, whether you fall or get hit by a car.
↑
譲歩を加える道具

理由

🔧「理由」を表す道具

　論理的な文を書く上で一番基本的で，一番使ってもらいたいのは**理由を表す接続詞**です。自分の意見を言った後，**「なぜ?」をきちんと書くのが大切**だろうというのはちょっと想像すればわかると思います。

　練習しましょう。「**自転車に乗る人はヘルメットを着用するべきだ**」という文をまず下に挙げます。

☐ **You must wear a helmet when you ride a bike.**

　そんなにおかしな意見ではないですから，この文を読んだ人はなんとなく納得するかもしれません。とりわけ日本語の世界は「以心伝心」（言わなくてもわかってもらえる）の世界ですから。ですが，たとえ誰もがなんとなくわかっているような**理由**でも，**しっかり述べることが論理的な英文を書く第一歩**です。

　それでは理由の表し方です。

🔧「理由」を表す接続詞

　理由を表す接続詞として最初に思いつくのは **because** ですよね。それで結構です。ただし使うときの注意事項も知っておいてください。because は基本的にどちらかと言えば**理由を強調するときに使います**。例えば次の文。

☐ **I stayed home because it was raining.**
　（私は家にいた。<u>その理由は雨が降っていたからだ</u>）

　この文は「家にいた」という結論より，下線部の**理由を強調するニュアンス**です。また，because 節を文頭に置くことは文法的には正しいのですが，あまりよくないとする人もいます。例えば下の２つの文。(a) の文はよいのですが，(b) の文はあまり好ましくないと評価されることがあります。

（○）**(a) I stayed home because it was raining.**
（△）**(b) Because it was raining, I stayed home.**

　それに対して，受験生は英作文ではあまり使わないのですが，**so** という接続詞もオススメです。so は「**だから**」という意味の等位接続詞として使えます。so はどちらかというと**理由より結論に重点があります**。

（○）**It was raining, so I stayed home.**

（雨が降っていたよね。<u>だから，家にいたんだ</u>）

🔧「理由」を表す前置詞（熟語）

さらにみなさんは **because of, due to, owing to, thanks to** などの前置詞の役割をする熟語も知っているはずです。これらは前置詞なので後ろには名詞だけを従えて，例えば次の文のように使います。

☐ **The game was canceled due to the rain.**

（試合は<u>雨のため</u>中止になった）

以上，まとめておきます。

まとめ ▶「理由」を表す道具

☐ because ▶ 従属接続詞。文末において理由をやや強調。

☐ so ▶ 等位接続詞。2つの文の間にはさんで使い，結論をやや強調。

☐ because of / due to / owing to / thanks to など ▶ 前置詞。

 問題演習 **道具を使ってみよう！** （考え方と解答例→ p.4）

では冒頭の文に戻ります。

☐ **You must wear a helmet when you ride a bike.**

この文に上の まとめ にある「理由」を表す道具のどれかを使い，少し長く，論理的な文にしてみてください。

✏️ **Write your answer.**

You must wear a helmet when you ride a bike ＿＿＿＿＿＿＿＿＿＿＿

＿＿＿＿＿＿＿＿＿＿＿＿＿＿＿＿＿＿＿＿＿＿＿＿＿＿＿＿＿＿＿＿＿

＿＿＿＿＿＿＿＿＿＿＿＿＿＿＿＿＿＿＿＿＿＿＿＿＿＿＿＿＿＿＿＿＿

＿＿＿＿＿＿＿＿＿＿＿＿＿＿＿＿＿＿＿＿＿＿＿＿＿＿＿＿＿＿＿＿＿

> **前頁の問題** ▶ p.3 の **まとめ** を使い，次の文に理由を追加してみよう。
>
> **You must wear a helmet when you ride a bike ...**

　まず，「どんな理由を書いたらよいのか」から考えましょう。1 つの方向性は，「ヘルメットは事故の際に頭を守ってくれるから」ということを書くこと，もう 1 つの方向性は，「自転車に乗るのは危険だから」ということを書くことです。どちらも理由として成立しますよね。まずは「理由」と一口に言っても，見方によっていろいろなことが理由として挙げられることを理解してください。そして 1 つだけではなく，いろいろな理由を考えつくことができるように練習しましょう。

　さて，それでは先程の 2 つの理由を思いついたとします。もちろん，どちらを答案に書いてもよいし，両方書いても構いませんが，どちらか 1 つを選ぶとしたらどちらを選びますか？　ちょっと考えてみてください。

　なんとなく「自転車に乗るのは危険だから」ということを書いたほうが，少し説得力がある感じはしますよね。その理由は，ヘルメットが頭を守ってくれるのは当たり前で，そもそもそういう商品であるのに対して，「自転車が危険」というのは見過ごされがちな事実だからです。理由を書くのはよいのですが，あまりに当たり前な理由を書くとさすがに場合によってはしつこい感じになるかもしれません。逆にみんなが気づかない理由を挙げると，読んでいて「なるほど！」と思いますよね。できれば**より説得力があるほうを選びましょう**。

Which is better?

理由

| 第1案 ➡ ヘルメットは頭を守ってくれる。（←まあ，そりゃそうだ） |
| 第2案 ➡ 自転車に乗るのは実は危険な行為。（←気づかず，甘く見る人もいそう） |

それでは英文で書いてみましょう。
まず **第1案** から。解答例を書いてみます。

解答例(1)

❶ You must wear a helmet when you ride a bike **because** <u>it protects your head</u>.

(15 words)

　細かいことですが，与えられた出だしが "You must ..." で始まっていたことに注目してください。ここでは一般論を述べているのです。**一般論では you を使ってく**

4

ださい。I must wear a helmet because it protects <u>my</u> head. のような答案は結構見かけますがダメです。あなた一人の問題ではないですから。日本語では一般論は「我々は…」のように言いますが，英語の場合，we もあまり使いません。

　それでは 第2案 の解答例です。

解答例(2)

> ❷ You must wear a helmet when you ride a bike, **because** riding a bike is a dangerous activity.　　　　　　　　　　　　　　　　　(18 words)

　みなさんもだいたいこの❶・❷のように書けたでしょうか。「理由なんて思いつかないよ！」などと言わず，**考えてみる習慣**をつけてください。そうすればきっとすぐに思いつけるようになります。

　さて，❷は，これはこれでよいのですが，頑張ってもう少し書き足してみましょうか。もちろんいつでも自転車に乗るのは危険でしょうが，とりわけスピードを出したり，車と一緒に車道を走ったりすると危険ですよね。

　それでは❶と❷を組み合わせて，次の❸のように書いたらどうでしょう？

解答例(3)

> ❸ You must wear a helmet when you ride a bike, **because** riding a bike is a dangerous activity, **especially when** you ride it at a high speed or share a lane with traffic.　　　　　　　　　　　　　　　　　(33 words)

　どうです？　論理的で立派な文ができ上がったと思いませんか？

　個々の表現については，みなさんの答案とこの作文例と違うところがあっても気にしないでください。あえて言えば，**especially**「特に」という副詞はうまく使ってほしいところです。ここだけはぜひ，まねをしてください。そして **because** と **especially when** という２つの接続詞を使ったことで**論理的**に，さらには結果論ですが，**それなりの長さの英文**が組み立てられたことに満足を感じてください。ちなみにこの１文だけで33語です。一般的な80語程度の語数制限の入試問題なら，もうこれだけで半分近く書けたことになります。論理的で長い文を書く，というのはこういうことです。

譲歩

🔧「譲歩」を表す道具

前セクションで次のような文 (p.4) を学びました。

☐ **You must wear a helmet when you ride a bike because it protects your head.**

（自転車に乗るときはヘルメットを着用しなければならない。ヘルメットは頭を守ってくれるからだ）

けれども，こういうときは日本語でも「たとえ転んでも，何かにぶつかっても，頭を守ってくれる」のように言いますね。この「**たとえ〜でも**」が「**譲歩**」と呼ばれるものです。前セクションの「理由」に次いで活用されるべき道具です。

🔧「逆接」と「譲歩」

それでは譲歩の書き方を学びましょう。譲歩はしばしば逆接と混同されます。

▌逆接／譲歩を表す文

> ❶ **Although [Though / Even though] it was raining, I went out.** 　逆接
> （雨が降っていたが，私は出かけた）
>
> ❷ **Even if it rains, I will go out.** 　譲歩
> （たとえ雨が降っても，私は出かけるつもりだ）

❶が逆接で，❷が譲歩と呼ばれるものです。確かに似てはいますが，**逆接**は「〜だけれど」という日本語に相当し，**譲歩**は「たとえ〜でも」という日本語に相当します。❶の「雨が降っていたが」は**本当に雨が降っている**わけであり，逆に❷の「たとえ雨が降っても」というのは，あくまでも**仮定**です。つまり両者は別物です。

逆接を表すための従属接続詞は，although, though, even though の3つです。どれも同じように使えます。もちろん等位接続詞の but でもよいです。

それに対して，ここで学んでもらいたいのは**譲歩**を表す接続詞です。上の例文では **even if** を挙げましたが，それ以外も含めて改めて学びましょう。

▌譲歩を表す接続詞

> ❸ **Even if it rains, I will go out.**
> ❹ **Whether it rains or not, I will go out.**
> ❺ **No matter how hard it rains, I will go out.**

譲歩の接続詞にはここに挙げた３つがあります。この中で使い方が一番簡単なのは ❸ even if「たとえもし〜でも」です。自由英作文ではこの even if だけでも十分かもしれません。ただし逆接の even though（→ p.6）と混同しないようにしてください。

❹ whether は「たとえ〜でも，または…でも」という接続詞で，この「または…でも」に相当する or 以下をつけて使わなければいけません。この例文のように「雨が降っても降らなくても」のように書くならむだにも見えますが，「たとえ雨が降っても雪が降っても」whether it <u>rains</u> or <u>snows</u> のようにも使えるのが持ち味です。

最後は ❺ 〈no matter ＋疑問詞〉です。no matter にさらに疑問詞をつけて，例えば no matter <u>how</u>「たとえどのくらい〜でも」，no matter <u>where</u> 〜「たとえどこに〜でも」のように，３語で１つの接続詞として使います。no matter how の代わりに **however**，no matter where の代わりには **wherever** のように〈疑問詞 -ever〉という形で書いても構いませんが，本書では〈no matter ＋疑問詞〉の形で統一することにします。

まとめ ▶ 「譲歩」を表す道具

☐ 逆接：「〜だけれど」 ▶ but と though / although / even though
☐ 譲歩：「たとえ〜でも」 ▶ even if / whether / no matter＋疑問詞

問題演習　**道具を使ってみよう！**　　　　　　　　(考え方と解答例→ p.8)

Section 01 の「頭を守ってくれるのでヘルメットを着用するべき」(p.4, ❶)，「自転車に乗るのは危険な行為なのでヘルメットを着用するべき」(p.5, ❷) というそれぞれの英文に，譲歩をつけ加えてください。

🖊 **Write your answer.**

❶ You must wear a helmet when you ride a bike because it protects

your head _____

_____

❷ You must wear a helmet when you ride a bike, because riding a

bike is a dangerous activity, _____

_____

🐱 考え方と解答例

> **前頁の問題** 次の文に譲歩を追加してみよう。
>
> ❶ You must wear a helmet when you ride a bike because it protects your head …
>
> ❷ You must wear a helmet when you ride a bike, because riding a bike is a dangerous activity, …

　まず，❶の「頭を守ってくれる」という理由につける**譲歩**から考えましょう。こちらはすでにヒントのようなものを解説の中に書いてしまいましたが，「たとえ転んでも」，「たとえ車にはねられても」，「たとえ事故にあっても」などと書けばよさそうです。実際に２つほど書いてみましょう。

　単に「たとえ転んでも」と書くのなら，次の❶-1のように単純に **even if** を使うのがよさそうです。繰り返しますが even though と混同しないように。even though では「あなたは転ぶが」という逆接の意味になってしまいます。「転ぶ」と決めつけられたら怖いですよね。「たとえ転んでも」というふうに，単なる可能性として表現すべきです。

---

❶ 解答例

❶-1 You must wear a helmet when you ride a bike because it protects your head, <u>**even if** you fall</u>.　　　　　　(19 words)

❶-2 You must wear a helmet when you ride a bike because it protects your head, <u>**whether** you fall **or** get hit by a car</u>.　(24 words)

---

　❶-2は欲張って，「たとえ転ぼうが車にはねられようが」というふうに，2つ**譲歩**をつけました。こういうときは **whether** を使います。前述のように whether は **or** 〜をつけて使うわけですが，例えば「たとえ難しかろうとそうでなかろうと」のように言うなら whether it is difficult <u>or not</u>，「たとえ雨が降ろうと雪が降ろうと」なら whether it <u>rains or snows</u> のようにも使えます。使い方を工夫すれば便利な接続詞です。ぜひ使ってみてください。

　さて，もう１つ，❷のほうにはどのような譲歩がつけられるか考えてみましょう。「自転車に乗るのは危険な行為なのでヘルメットを着用するべき」という理由に譲歩をつけるという問題です。いつでも反対論者の気持ちになってみると譲歩の使い道が

思いつくはずです。ヘルメットが必要なほど自転車が危険ではないという人はおそらく「せいぜい近くのコンビニに行くだけなのに要らないよ」のように言いますよね。それを**譲歩**に使えばよいのです。

　具体的に言えば，例えば次のように書くことになります。

❷解答例(1)

❷-1 You must wear a helmet when you ride a bike, because riding a bike is a dangerous activity, **even if** you are just riding your bike to a convenience store in your neighborhood. (33 words)
（下線部訳　たとえ近所のコンビニに自転車で行くだけでも）

　even if を使って❷-1のように書く以外に，whether を使っても〈no matter + 疑問詞〉を使っても，何かしら書けるはずです。試しに whether を使って別の解答例を書いてみます。

❷解答例(2)

❷-2 You must wear a helmet when you ride a bike, because riding a bike is a dangerous activity, **whether** you are riding in a big city with a lot of traffic **or** on a country road. (36 words)
（下線部訳　たとえ交通量の多い大都市で自転車に乗るのでも田舎道で乗るのでも）

　今度は〈no matter + 疑問詞〉を使って解答例を書いてみます。

❷解答例(3)

❷-3 You must wear a helmet when you ride a bike, because riding a bike is a dangerous activity **no matter where** you ride. (23 words)
（下線部訳　たとえどこで乗るのでも）

　最初のうちはやりすぎを恐れずに，いろいろな「道具」を使って練習をしてください。受験生の英作文を見ていると，だいたい言葉が足りません。少しおしゃべりな人になるくらいでちょうどよいです。

条件

🔧「条件」を表す道具

　今度は**条件**を表す接続詞を学びます。条件，つまり，「**もし〜なら**」は単純に **if** で表せば何も問題はありません。ただ，いくつか注意事項があります。

　まず，前セクションで学んだ**「譲歩」と区別する**ようにしてください。「もし雨が降ったら，家にいる」は条件です。「（たとえ）もし雨が降っても，出かける」は譲歩です。「もし」と「たとえもし」と言われれば区別できるような気がしますが，「（たとえ）もし」の「たとえ」は，日本語ではしばしば省略してしまうので，そうなるとゴッチャにしてしまいそうです。

▌条件／譲歩を表す文

> ❶ **If** it rains, I will stay home. （もし雨が降ったら，家にいる）　　　　条件
> ❷ **Even if** it rains, I will go out. （もし雨が降っても，出かける）　　　　譲歩

　もちろん，❶と❷の意味の違いはわかるはずです。前セクションでは**「逆接」**と**「譲歩」**を区別しようということを述べましたが，このように**「譲歩」**と**「条件」**もしっかり区別してください。

🔧 条件を表す接続詞

　さて冒頭で，条件を表す接続詞は if で問題ないと述べました。そのとおりなのですが，あと2つほど使えるとよいかもしれません。まず1つ目は **as long as** です。「**〜さえすれば**」という意味を持つ接続詞であり，この日本語の訳でわかるように，**最低限の条件**を表すのに使われます。同様の言い方で **only if**「**もし〜さえすれば**」という表現もあります。もう1つは **unless** です。as long as とはちょうど裏表の関係にあり，「**〜さえしなければ**」という**最低限の，そして否定的な条件**を表します。

　それでは **Section** 02・03 で学んだことをまとめておきましょう。

まとめ　▶「逆接」「譲歩」「条件」を表す道具（接続詞）

☐ 逆接：「〜だけれど」▶ but と although / though / even though

☐ 譲歩：「（たとえ）もし〜でも」▶ even if / whether / no matter ＋疑問詞

☐ 条件：「もし〜なら」▶ if 　　　　　　　　「〜さえすれば」▶ as long as

　　　　「もし〜さえすれば」▶ only if 　　　「〜さえしなければ」▶ unless

🔧「条件」と「譲歩」の組み合わせ

　　ここまでいろいろな接続詞を少しずつ学んできましたが，そうした接続詞を２つ以上重複して使っても，なんら問題はありません。その中でも**条件と譲歩の組み合わせ**というのは日本語でもよく使うのではないでしょうか。前セクションでも少し触れましたが，次のような文例です。

□ **As long as you wear a helmet, even if you fall down or bump into something, it protects you.**

　　（ヘルメットを着用してさえいれば，たとえ転んでも何かにぶつかっても，それがあなたを守ってくれる）

　　「ヘルメットを着用してさえいれば」という**条件**と「たとえ転んでも何かにぶつかっても，…」という**譲歩**がうまく組み合わされているのがわかるはずです。今回はこんな書き方の練習をしてみましょう。

問題演習　道具を使ってみよう！　　　　　（考え方と解答例→ p.12）

　　コロナ禍以来，高校でも大学でも，対面授業以外にネットを使った**遠隔授業**が普及しました。それの是非を論じるような問題が，自由英作文ではよく出題されます。おそらくはあまり評判がよくない遠隔授業ですが，それなりにメリットもありますよね。

□ **One advantage of an online class is that you can attend it <u>anywhere</u>.**
　　（遠隔授業の長所の１つは，どこででも授業に出席できるということだ）

　　これだけでも書ければ立派なものなのですが，もしかしたらもう少しキッチリ書けるかもしれません。まず anywhere は「どこでも」という副詞ですが，同じ**譲歩**でも**接続詞を使って書ける**はず。さらには「どこででも授業を受けられる」と言っても，最低限の**条件**はありますよね。その２つを考えて，譲歩と条件の２本立てで上の下線部の箇所を書き直してみてください。

✏️ Write your answer.

One advantage of an online class is that you can attend it ＿＿＿＿＿

_____

_____

前頁の問題
次の文の anywhere の代わりに譲歩を表す接続詞を使い，さらに，「〜しさえすれば」という条件を加えてみよう。

One advantage of an online class is that you can attend it <u>anywhere</u>.

（遠隔授業の長所の１つは，どこででも授業に出席できるということだ）

すでに少しヒントを出してしまいましたが，「どこででも授業を受けられる」とする代わりに，「たとえどこに住んでいても」，「たとえ大学から遠く離れたところに住んでいても」，「たとえ大学の近くにアパートを借りなくても」などのように書いたほうが，意味がよりハッキリすると思いませんか？　そこで活躍するのは，もちろん前ページで学んだ**譲歩の接続詞**たちです。

いくつか譲歩を加えた解答例を書いてみます。

解答例（＋ 譲歩）

❶ One advantage of an online class is that you can attend it **<u>no matter where</u> you live**.

（下線部訳　たとえどこに住んでいても）　　　　　　　　　　　　(17 words)

❷ One advantage of an online class is that you can attend it **<u>even if</u> you live far from your college**.

（下線部訳　たとえ大学から遠くに住んでいても）　　　　　　　　(20 words)

これも問題を出すときに述べましたが，遠隔授業のメリットが成り立つためには，もちろん**条件**が必要ですよね。例えば，まずはすべての授業が遠隔である必要はありそうです。１限は遠隔，２限は対面のように授業をするのでは遠隔のメリットは生かされません。また，いくら「どこに住んでいても」といっても，ネットへのアクセスがなければ遠隔授業は受けられません。これは最低の条件です。if でも結構ですが，せっかく学んだ **as long as** を使っていくつか書いてみます（as long as 節のみ）。

❸ ... **as long as** you have access to the internet

（訳　ネットにアクセスさえできれば）

❹ ... **as long as** all the classes（which）you want to attend are online

（訳　出席したい授業が，みなオンラインでありさえすれば）

Section
03
条件

❹の解答例には**関係詞が使われている**のがわかると思います。さしあたってみなさんに学んでもらいたいのは，接続詞を使って文を論理的に組み立てることなのですが，**関係詞もうまく使うと論理的な文を組み立てるのに役立つ**ことがわかってもらえたでしょうか。

本書では，関係詞についてゆっくりその使い方を説明することはしませんが，こうした解答例から少しずつ学んで，さらに自分でも使ってみてもらえればと思います。

さてそれでは，条件と譲歩の接続詞を組み合わせて，解答例を2つほど書いておきます。❺の語順を変えて❻のように書いても，もちろん構いません。

❺ One advantage of an online class is that you can attend it **no matter where** you live, **as long as** you have access to the internet.　　(26 words)

❻ One advantage of an online class is that, **as long as** you have access to the internet, you can attend it **no matter where** you live.　　(26 words)

（訳　遠隔授業のよい点の１つは，ネットにアクセスさえできればどこに住んでいても授業に出席できるということだ）

どうですか？　論理的にしっかり構築された英文という感じがするのではないですか？

手段

🔧「手段」を表す道具

次に「手段」の表し方を学びます。手段というのは例えば「努力する<u>ことによって</u>成功できる」のような言い回しのことです。次のように英訳できます。

☐ **You can be successful** by working hard.

先に例文を挙げてしまいましたが，この例文でわかるように，手段を表すための最も簡便なやり方は〈**by ~ing**〉「〜することによって」を使うことです。

ところが，この簡便なやり方には落とし穴があります。by は前置詞なのでそれに続く ~ing は動名詞なのですが，**動名詞には「その意味上の主語が主文の主語と一致」**しなければいけないという大原則があります。

先程の文をもう一度その観点から見直しましょう。working という動名詞の意味上の主語は，この文全体の主語である you です。日本語で言えば「<u>あなたが働くこと</u>であなたが成功できる」という関係になっているのが主語の一致ということであり，この文はそのルールが守られているので正しい文です。ところが次のような文はダメです。

（×）<u>**Your dream**</u> will come true by working hard.

（一生懸命働くことで夢が実現する）

一見よさそうですが，動名詞の主語（you）が主文の主語（下線部）と一致していないのがわかるはずです。

🔧 接続詞を使う

ではこの場合は，どのように書けばよいでしょう？　正解は次のとおりです。

（○）<u>**Your dream**</u> will come true if <u>you</u> work hard.

「〜することで」を「もし〜すれば」に置き換えることは当たり前のようでいて実はちょっと飛躍があるので，知らないと意外に思いつきにくいのですが，**if** を使えばよいのです。

〈**by ~ing**〉のような〈前置詞 + ~ing〉を使う代わりに**接続詞**を使うことのメリットを，ここできちんと確認しましょう。それは**主語の一致**ということに気を遣わなくて

よい，ということです。これはみなさんが思う以上に大きなメリットです。このことについては，次のページでもう少し詳しく述べます。

　ところで，このような文で使う接続詞は必ずしも if とは限りません。次の文のようにすでに起こった出来事なら，「手段」を表すのに「理由」の接続詞を使うことになりそうです。念のため。

☐ **His dream came true because he worked hard.**

（彼は頑張って働いた<u>ので</u>成功した）

> **まとめ ▶「手段」の表し方**
>
> 主語が一致 ▶ by ～ing
> 主語が一致していない ▶ if や because

問題演習　道具を使ってみよう！　　　（考え方と解答例→ p.16）

　ヘルメット着用の義務化や遠隔授業ではない，別の文脈での接続詞の使い道を考えてみましょう。ここでは「**英語を学ぶことの意義を論じる英文**」を書くとしましょう。義務教育で私たちはみな英語を長期に及んで学ぶわけですが，そのメリットとは何でしょうか。みながみな，将来英語圏に住んだり，英語が必要な仕事についたりするわけではないでしょう。でも英語ができることで，得られる情報は増えますよね。そのあたりについて，このセクションで学んだ「手段」の表し方を含め，いろいろな接続詞を使って次の文に続けて書いてみてください。

✎ Write your answer.

It is a good thing that students in Japan are taught English because

> **前頁の問題** 次の文に続けて手段を表す表現などを使い,「英語を学ぶことの意義を論じる英文」を書いてみよう。
>
> **It is a good thing that students in Japan are taught English because ...**

今回の問題について解説する前に,まず少し補足をします。

今回学んだ〈by ~ing〉に限らず,受験生は〈前置詞＋~ing〉という形を英作文でも多用するように感じられます。それ自体はまったく問題がないのですが,この〈~ing〉は動名詞なので,使うときには「意味上の主語の一致」を気にするようにしてください。例えば,「彼は暗くなった後で戻ってきた」という日本語を次のように英訳してしまうのはよくあるミスです。

❶ (×) He got back after getting dark.

まさか「彼が暗くなる」わけではないですよね。ではどうしたらよいでしょう?
正解は**接続詞を使う**ことです。

❷ (○) He got back after it got dark.

after は by とは異なり,そのまま前置詞としても接続詞としても使えるので簡単だと思うのですが,受験生の多くは after を前置詞として使い,❶のように「主語の不一致」という文法ミスを犯しがちなのは前述のとおりです。

本当のことを言うと,主語の一致のルールはかなりゆるく解釈されることも多く,例えば Cancer can develop by smoking.「喫煙によってガンが発生しうる」のような文は文法的に正しい文として許容されてしまいます。けれども,許容されるか否かの線引きは難しく,英語が母語でない者,特に受験生の英作文では,安全策をとるのがよいでしょう。たとえ正しい文として認められる場合でも,少しいいかげんな文という印象を与えることも多いので。

さて問題に戻ります。ヒントで少し述べたように,英語ができることのメリットは,本を読んだりネットを見たりするときに,得られる情報量が増えることでしょう。このことを次のように書いてしまうと,動名詞の意味上の主語は you なので,文の主語(下線部)と**主語の不一致**が起こってしまいます。

❸（×）**By learning English, <u>more information</u> is available to you.**

（英語を身につけることで，より多くの情報が利用可能になる）

この誤りを正す解決策の１つは，**if 節を使って書く**ことです。

❹（○）**<u>If you learn English</u>, more information is available to you.**

もう１つの解決策は，information「情報」を主語にせず，**you を主語にして書く**ことです。

❺（○）**By learning English, <u>you</u> can get more information.**

（英語を身につけることで，あなたはより多くの情報を得られる）

❺は you を主語にしたおかげで，〈by ~ing〉を使っても主語の不一致は起きません。これはぜひ身につけてもらいたいテクニックです。**最初から主語が一致するように文を組み立てる**というわけです。

さて，これで一応は今回のテーマである「手段」は書けたわけですが，さらにいろいろ組み合わせてみましょう。「**(情報が)ネットからであろうと本からであろうと**」という譲歩や「**たとえ将来，英語圏で暮らさなくても**」という譲歩など，何か１つくらいはつけ加えたいものです。そうすると，例えば次のようになるかと思います。

> 解答例（1）

❶ It is a good thing that students in Japan are taught English because <u>you can get more information **by learning** it, **whether** it is from the internet or from books.</u>

（30 words）

またはこんなふうになりそうです。

> 解答例（2）

❷ It is a good thing that students in Japan are taught English because <u>**even if** not all of them have an opportunity to live in or travel to an English-speaking country, **by learning** it, you can get more information from books and from the internet.</u>

（45 words）

この解答例の語数は45語です。1文だけでこのくらいの長さの文が書ければ，せいぜい100語程度が通例の大学入試の自由英作文なんて，あっという間に片づけられますよね。

目 的

目的

「目的」を表す道具

前セクションで「手段」の表し方を勉強したところで，今度はちょうどその正反対に相当する「目的」の表し方を学びます。

おそらくは中学生の頃に習ったように，**目的は to 不定詞で表すことができます。**例文を挙げてみましょう。

☐ **He ran to catch the bus.**（彼はバスに間に合うように走った）

ところが，ここで「手段」と同様の問題が生じます。動名詞を使うときと同様に，to 不定詞も，**to 不定詞の意味上の主語と主文の主語が一致するのが原則です。**この文では「彼がバスに間に合うように彼が走った」というように主語が一致しているので問題はないのですが，例えば「家族が苦労なく暮らせるよう彼は頑張って働いている」のように，主語が主文とは異なる目的を表すためにはどうしたらよいでしょう？

主語が主文と異なる目的を表す場合

解決策の1つは，to 不定詞の前に意味上の主語をつけることです。to 不定詞に意味上の主語をつけるときは，主語に **for** という前置詞をつけて to 不定詞の直前に置くということを，文法の授業などで習っているはずです。その結果，次のようになります。

☐ **He works hard for his family to be able to live without difficulty.**

または**接続詞**を使うこともできます。「手段」の書き方を学んだときのことを思い出してください。接続詞のよさは主語の一致を気にしなくてよいところでした。そして**目的を表す接続詞は so that** です（念のためですが，He is <u>so</u> young <u>that</u> he can work till late. のような，「程度」を表す so ～ that ... ではありません）。

先程の文は次のようになります。

☐ **He works hard so that his family can live without difficulty.**

慣れるまでは接続詞を使うことを面倒に感じるかもしれませんが，使い込んでぜひ慣れてください。ただ，この接続詞 so that を使うときに気をつけてもらいたいことが1つだけあります。それは **so that 節の中に will か can といった助動詞を使うこ**

とです。この部分は目的であり，その目的が実際に達成されたかどうかはまだわかりません。したがって日本語でも「家族が苦労なく暮らすことが<u>できるように</u>…」のような表現を使いますよね。英語でも，これがまだ目標でしかないということがわかるよう **can**，または単純に未来を表す **will** を使います。

さらに主文が過去形の場合は，この助動詞も**時制の一致**で would や could などの過去形になります。先程の文 (He works hard <u>so that</u> his family <u>can</u> live without difficulty.) を過去形にしてみます。

☐ **He worked hard so that his family could [would] live without difficulty.**

> **まとめ** ▶ 「目的」の表し方
>
> ☐ **主語が一致** ▶ to 不定詞
> ☐ **主語が一致していない** ▶ ① for ＋名詞＋ to 不定詞
> 　　　　　　　　　　　　② so that S will [can]

 問題演習　道具を使ってみよう！ 　　　　　　　　　（考え方と解答例→ p.20）

それでは，自由英作文では，この「目的」の表現をどのように使うのか，考えてみましょう。ここでは「ペットを飼うことの是非」について書いてみることにします。ペットはかわいくてよいですが，欠点としては世話が面倒なこと (a hassle) が挙げられます。どんな世話が面倒でしょうか。まず，❶ご飯を毎日きちんと与えないといけないですね。また，❷時々遊んであげたり，犬なら散歩に連れていったりする (take it for a walk) ことも必要ですよね。それは何のため？　その目的を考えて，それをつけて次の文の続きを書いてみてください。

🖉 **Write your answer.**

It's a hassle to have a pet, because ＿＿＿＿＿＿＿＿＿＿＿＿＿＿＿＿＿＿＿

＿＿＿＿＿＿＿＿＿＿＿＿＿＿＿＿＿＿＿＿＿＿＿＿＿＿＿＿＿＿＿＿＿＿＿＿

＿＿＿＿＿＿＿＿＿＿＿＿＿＿＿＿＿＿＿＿＿＿＿＿＿＿＿＿＿＿＿＿＿＿＿＿

＿＿＿＿＿＿＿＿＿＿＿＿＿＿＿＿＿＿＿＿＿＿＿＿＿＿＿＿＿＿＿＿＿＿＿＿

前頁の
問題 ▶ 次の文の続きを，目的（〜するために）をつけて書いてみよう。

It's a hassle to have a pet, because ...

 ヒント

❶ ペットにご飯を与えなければいけない。

❷ ペットは時々遊んであげたり，犬なら散歩に連れていかなければいけない。

最初に❶の例で考えてみましょう。「ペットには適切にご飯を与えなければいけない」ですよね。それに**理由**をつけ加える（「ペットにとっても何を食べるかは大切<u>だから</u>」のように）こともできるでしょう。でも，目的をつけ加えることもできそうです。一例ですが，「ペットが健康を維持<u>できるように</u>」のように書くこともできますよね。

このように，だいたい同じことをいろいろな形で表すことができるわけですが，道具は多いほうがよいです。そこで，ここでは**目的の表し方**を学ぼうというわけです。例えば次のように書けそうです。

❶ 解答例(1)

❶ It's a hassle to have a pet, because <u>you have to be careful about how to feed your pet **so that** it can stay healthy.</u>
(25 words)

（下線部訳　あなたはペットが健康でいるために，ご飯の与え方に注意をしなければいけない）

ペットに単にご飯を与えればよいというより，その与え方に気を遣わなければいけないというので上記のように書いてみました。ちなみに feed は food の動詞形で，「食事を与える，養う」という意味です。

問題は**目的**（〜するために）の部分です。「ペットが健康でいるために<u>飼い主</u>が食事に気を遣う」というように，主文の主語と目的の部分の主語が異なるわけです。to 不定詞に意味上の主語をつけてこれを表せないわけではないですが，このように**主語が異なる目的**を表すには **so that** 節を使うことをオススメします。結果，上記の
❶ 解答例(1) のような文になります。

❷の例でも書いてみましょう。

❷ It's a hassle to have a pet, because <u>you have to play with your pet sometimes **and**, if your pet is a dog, take it for a walk every day **so that** it won't get stressed.</u>

(36 words)

（下線部訳　あなたは時々ペットと遊ばなければならないし，もしペットが犬なら，ストレスをためないように毎日散歩に連れていかなければいけない）

so that を使って目的を表しているのは先程と同様です。stressed は「ストレスがたまった」ということを表す形容詞 (→ p.176) なので，これを使えば簡単に表現することはできそうです。

しかし，それ以上に注目してもらいたいのは，ペットは犬でも猫でも遊んであげるべきですが，とりわけ犬の場合には散歩に連れていかなくてはいけません。そこの部分を正確に英語で書けると論理的な感じがするはずです。先程の解答例ですが，if your pet is a dog という部分が割り込んでいますが，**play** と **take** という２つの動詞の原形が **and** で並列になっているのがわかると思います。私たちは今，接続詞を使いこなすことを勉強しているわけですが，and だって立派な接続詞です。こういうふうに使いこなせるといいということを学んでください。

さて，それでは，この❶と❷をつなげたかなり長い英文になりますが，完成版の解答例を作ってみます。

It is a hassle to have a pet, because <u>you have to be careful about how to feed your pet so that it can stay healthy, and you also have to play with it sometimes and, if your pet is a dog, take it for a walk every day, so that it won't get stressed.</u>

(55 words)

対置

🔧「対置」とは？

世の親はよく子どもに言います。「勉強しなさい！」と。でもそう言う代わりにこんなふうに言う親もいます。「ゲームばかりしていないで，勉強しなさい！」と。これが「**対置**」です。

なぜこのような言い方をするのでしょう。おそらくは子どもがやりたがるのはゲームだけれど，そのゲームと，やりたくないけれどやらなければいけない勉強とを対置することで，子どもへの小言の意図を明確化しているのでしょう。

または別の例を挙げてみましょう。「私はサッカーが好きだ」という発言はいろいろな意味に取れます。「私は<u>陸上競技ではなく</u>サッカーが好きだ」と言ったらチームスポーツが好きなのかなと思います。それに対して「私は<u>将棋ではなくて</u>サッカーが好きだ」と言ったらインドア系の遊びより身体を動かすことが好きなのだなと思います。単に「サッカーが好きだ」と言うだけでなく，「<u>〜ではなく</u>サッカーが好きだ」と言ったほうが，発言の意味合いがハッキリします。この「**〜ではなく**」を「**対置**」と呼ぶことにして，それを表すにはどんな手段を使えばよいでしょう？　そのことの説明の前に，まず確認すべきことがあります。

🔧 without と instead of

┃ without と instead of の違い

> ❶ He left the room without saying good-bye.
> （彼はさよならも言わずに部屋を出ていった）
> ❷ He stayed home instead of going out.
> （彼は出かけないで家にいた）

without と **instead of** はどちらも「〜しないで」のように訳すことができますが，そのように訳すと**両者の違いが明確には見えない**と思います。しかし，❷の stay home「家にいる」のと go out「出かける」というのは，まさに対置の概念です。別の言い方をすれば，この２つの行動は**二者択一の関係**にあり，家にいながら同時に出かけるというように両方同時に行うのは不可能です。どちらかをすれば必然的にもう片方は実行不可能です。

　それとは逆に，**①** の leave the room「部屋を出て行く」と say good-bye「さよならを言う」というのは，対置の関係になっていません。

🔧 対置を表す道具

　冒頭の話に戻りましょう。「ゲームばかりしていないで勉強しなさい」のように対置を表すのに使うのは instead of のほうです。またはもう１つ，次の **④** のように rather than という表現を使うこともできます。

▌対置を表す表現

> **❸** You must study **instead of** playing video games all the time.
> **❹** You must study **rather than** playing video games all the time.

　受験生に「ゲームをしないで勉強…」のような文を英作文してもらうと，ほとんどみな〈not A but B〉という形を使うようです。確かにそれでも書くことはできます。しかし，場合にもよりますが，**instead of** や **rather than** を使うほうが普通です。ぜひ使ってみてください。

まとめ ▶ 「対置」を表す道具

☐ 対置：「〜ではなく」▶ instead of / rather than（どちらも前置詞）

Section
06
対置

 問題演習　道具を使ってみよう！　　　　　（考え方と解答例→ p.24）

　１つ練習をしましょう。「高校生がアルバイトをするのを高校が禁止すべきかどうか」という，自由英作文ではよくあるテーマです。禁止を主張する理由は，勉強を含め，高校生は学校生活を楽しみなさいということなのでしょう。それに対して，アルバイトをしたい高校生が考えていることは何でしょう？　なぜアルバイトをしたがるのでしょうか？　それを対置の形で表してみましょう。この英作文は短くて構いません。次の英文の続きを考えてください。

✐ Write your answer.

High school students should be prohibited from working part-time

because they should enjoy their school life _____

_____

_____

考え方と解答例

前頁の
問題　次の文に続けて，高校生はなぜアルバイトをしたがるのかを考えて，それを対置の形で書いてみよう。

High school students should be prohibited from working part-time because they should enjoy their school life ...

「えっ？　アルバイトせずに学校生活を楽しむべきって書くだけじゃダメなの？」と思った人もいるでしょう。もちろんそれでも問題ありません。でも，アルバイトをする理由の第1位は，お小遣い稼ぎですよね。そのいわば生徒の本心をズバッと指摘して，「お金のことなんか考えないで学生生活を楽しむべきだ」と言うほうが，相手は「本心を見抜かれた！」と思うのではないですか？　半分冗談ですが，半分本気です。つまり，**本心をズバリ指摘する**ほうが，より説得力がある感じはしますよね。それでは，その方針で書いてみましょう。

解答例

High school students should be prohibited from working part-time because they should enjoy their school life **instead of** thinking about money.

(21 words)

think about ～「～について考える」と書く代わりに，**worrying about ～**「～について心配する」などと書いてもよいです。

ではここで，**別の問題**で似たような練習をしてみましょう。

昔は中学に入学してから英語を習い始めていたのですが，今は小学校から英語の授業があります。その是非について意見を書かせるような自由英作文も以前から定番です。

「**小学校から英語を教えることに反対の立場をとる**」ことにしてみましょう。その理由の1つとしておそらく誰でも思いつくのは，「もっとほかにやることがあるだろ！」ということではないでしょうか。こんな乱暴な言い方はできないので，うまく**対置**を使って書いてみることにしましょう。

どんなふうに書いたらよいでしょう？　「もっとほかにやることがあるだろう」として，そのまま英語にしてもいいでしょうし，もう少し具体的に「（多くの子どもにとって）母語である日本語の読み書きや，算数 (arithmetic) を身につけることに時間を割くべきだ」と言ってもよいでしょう。

それでは**対置**のほうはどうしましょう？　単に「英語を学ぶ代わりに」でももちろ

24

んよいのですが，先程と同じように考えましょう。**なぜ英語は二の次なのでしょう？**

考えられることを挙げてみましょう。このあたりを対置に書くとより意図が明確になるかもしれません。

💡ヒント 「対置」のヒント

❶ 英語はたかだか外国語でしかないので，時間をかけるほどではない。
❷ 英語は小学生にとってはそれほど緊急性の高い科目ではない。
❸ 英語はすべての小学生にとって将来必要になるとは限らない。

では次の英文に続けて，上記のヒントを参考に書いてみましょう。あとに解答例をいくつか挙げますが，それを見る前にぜひ自分でも手を動かして，1つか2つ，英作文の答案を書いてみてください！

🖊 Write your answer.

I don't think that English should be taught in elementary school.

One reason is that _____

_____

_____

解答例(1)

I don't think that English should be taught in elementary school. One reason is that there are many other more important things elementary school children must study **instead of** taking time to study English.　(34 words)

（下線部訳　英語を学ぶのに時間をかける代わりに，小学生が学ばなければいけないもっと重要なことがたくさんある）

解答例(2)

I don't think that English should be taught in elementary school. One reason is that elementary school children must learn to read and write Japanese correctly and learn arithmetic, **instead of** spending a lot of time studying what is not always immediately necessary for every one of them.　(48 words)

（下線部訳　たくさんの時間を，みなにとってすぐに必要とは限らないことを学ぶのに使う代わりに，小学生は日本語を正確に読んだり書いたりすることや算数を学ばなければならない）

対比

🔧「対比」とは

　前セクションの「対置」に続いて，今度は「対比」です。この名前の使い分けに深い意味があるわけではないのですが，区別するために別の名前をつけました。例えば，「日本人は朝から晩まで働いてばかり」ということを言いたいとします。そのとき，次のように表現したらどうでしょう？

「自分の生活を優先するほかの先進諸国の人々とは異なり，日本人は朝から晩まで働いてばかりだ」

　このように他国の事情と比較・対比することによって日本人の特殊性を際立たせることができるわけです。これを「対比」と呼ぶことにしましょう。

🔧「対比」を表す道具

　それではこの「対比」を表現するための道具にはどのようなものがあるでしょうか。誰でも思いつくのは while と on the other hand です。まず，この2つから検証してみましょう。

▋ while と on the other hand

❶ **While people in other developed countries generally try to maintain a work-life balance, Japanese people tend to work too hard.**

❷ **People in other developed countries generally try to maintain a work-life balance. On the other hand, Japanese people tend to work too hard.**

（ほかの先進国の人々は一般にワークライフバランスを保とうとするのに対し，日本人は働きすぎる傾向がある）

　❶ の while は接続詞で，2つの文をつなぎます。それに対し，❷ の on the other hand は副詞であり，2つの文をつなぐことはできません。

　この2つは品詞は違うのですが，対比を表現するのに2つの文を要するという点は同じです。このことは場合によっては欠点にもなりかねません。受験生の答案でよく見かけるのは次のような表現です。

生徒答案例

(△) **People in other developed countries don't work too hard. On the other hand, Japanese people work too hard.**

（ほかの先進国の人々は働きすぎない。他方，日本人は働きすぎる）

どう見ても，同じ表現をむだに繰り返している感じになっていますよね。対比は便利な道具なのですが，こういうふうにならないよう，うまく使ってください。むだな繰り返しは，かえって逆効果です。

🔧unlike

while や on the other hand を使うのが難しそうであれば，**unlike** を使うのがオススメです。unlike は「〜とは異なって」という意味の**前置詞**です。これを使って先程と同じ趣旨の文を書いてみます。

(○) **Unlike people in other developed countries, Japanese people work too hard.** （ほかの先進国の人々とは異なり，日本人は働きすぎだ）

unlike は前置詞なのでこのようにコンパクトに対比が表現できて，その分，先程の 生徒答案例 のようなむだな繰り返しをする危険性がなくなります。受験生に対比を表現する道具として unlike をオススメできるのはそれが理由です。

> **まとめ** ▶ 「対比」を表す道具
>
> ☐ while（接続詞）　　☐ on the other hand（副詞）
> ☐ unlike（前置詞）→┃オススメ

問題演習　**道具を使ってみよう！**　　　　　　　（考え方と解答例→ p.28）

遠隔授業を例に取りましょう。ネットを使った遠隔授業 (online class) を経験した人も多いと思いますが，対面授業 (face-to-face class) に比べてのデメリットは何でしょうか。おそらく授業に集中しにくいなどという理由が多いのではないでしょうか。それを次の出だしに続けて**対比**を使って書いてみてください。

✏ **Write your answer.**

One disadvantage of an online class is that ＿＿＿＿＿＿＿＿＿＿＿

＿＿＿＿＿＿＿＿＿＿＿＿＿＿＿＿＿＿＿＿＿＿＿＿＿＿＿＿

Section
07
対比

考え方と解答例

次の文の続きを対比の表現を使って書いてみよう。

One disadvantage of an online class is that ...

ヒント

遠隔授業のデメリット→ 授業に集中しにくい

問題の解答例の前に，少し補足説明をしなければなりません。unlike は便利な道具なのですが，使い方が実は少し難しいのです。次の例文を見てください。

unlike と比較級

❶ Unlike <u>in winter</u>, it rains a lot here <u>in summer</u>.
（冬とは違って，ここでは夏が多く雨が降る）
❷ It rains more <u>in summer</u> than <u>in winter</u>.
（冬より夏のほうが多く雨が降る）
❸ Unlike <u>when I was a child</u>, I am busy studying <u>now</u>.
（子どものときと違って，今は勉強に忙しい）

❶の例文では，unlike winter ではなく unlike <u>in winter</u> となっていることに気づけるはずです。unlike は前置詞なので，その次には単に名詞を持ってくればよいように思いませんか。ところが，unlike は確かに前置詞なのですが，少しその前置詞という性質は忘れたほうがよいかもしれません。unlike には「**比べるものを同じにして使う**」というルールがあります。この例文で言うと，unlike in winter とすることで，in winter と in summer のように比べるものが〈前置詞＋名詞〉で等しくなるのがわかるはずです（その結果，unlike in winter と書くと前置詞が2つ連続することになってしまいますが，この形には「二重前置詞」という名前がついていて，文法的に問題ありません）。

このことはちょっと比較級などと似ています。❷の例文を見てください。**比較は比べるものをそろえて使わなければいけないので**，in winter の in は必要です（このあたりのルールは現代の英語ではどんどん崩れてきていますが，入試の英作文では in をつけることをオススメします）。

面倒なルールに思えるかもしれませんが，実はこのルールがあるからこそ unlike は使いやすいのです。例えば❸の例文。比べているのは下線部同士ですが，これは

「比べるものをそろえる」というルールをきちんと守っているでしょうか。一見するとまったく守っていないようですが，when I was a child は副詞節，now は副詞です。このように**文法上同じ役割の者同士**なら，「比べるものをそろえる」というルールを守っていると言えるわけです。ルールをうまく使いこなせば，unlike は大変便利な対比の道具になるはずです。よく練習して自分のものにしてください。

　それでは問題に戻りましょう。「遠隔授業では集中（focus on 〜 / concentrate on 〜）しにくい」と書けば十分なのかもしれませんが，ここでは「**対面授業とは異なって**」という**対比**を用いることで，より明確に意図を伝えられる英文を書いてみようということでした。

　一番単純に書くなら，次のとおりです。

解答例（1）

One disadvantage of an online class is that, **unlike in a face-to-face class**, it is difficult to stay focused in an online class.　　　　(23 words)

　比べるものが〈前置詞＋ a [an]（＋形容詞）＋名詞〉で等しくなっているのがわかりますね。または次のように書くことだってできます。

解答例（2）

One disadvantage of an online class is that, **unlike when you are studying with your teacher in front of you**, it is sometimes difficult to stay focused in an online class.　　　　(31 words)

　一見すると比べるものがそろっていないように見えるかもしれませんが，when が作る副詞節と in an online class という副詞句を比べる形になっており，すでに学んだように**副詞的要素同士が比較**されているので，これでも十分正しいといえるわけです。

　またここでは詳しく扱うことはできませんが，実は**比較級も対比を表すための便利な手段**であることも覚えておいてください。例えば，今回の問題も次のように書くことができます。

解答例（3）

One disadvantage of an online class is that it is **more difficult to** concentrate in an online class **than** in a face-to-face class.　　　　(23 words)

Section
07
対比

29

傍証

🔧「傍証」とは

　傍証というのは難しい言葉ですが，「傍」という漢字は「かたわら」，つまり「近く」という意味であり，「証」は言うまでもなく「証明」を表します。つまり，「近くのものを証明する」というのが文字どおりの意味です。と言ってもわかりにくいと思いますが，我々は何かを証明するのが難しいときに，似たものを引き合いに出すことがよくあります。

　英語の勉強について人にアドバイスをするとしましょう。「ともかくまず文法とか語彙のような基本を身につけることが大事だよ！」といったことを言う場合，例えばアドバイスする相手が野球少年だったら，「野球と同じように…」とか「野球だってまず走り込みやキャッチボールでしょ？　英語も…」のように，相手が納得しやすく，しかも英語学習と似ているものと比べたりしますよね。

　Section 07で学んだ「対比」は異なったものを比べることであったのに対し，ここで学ぶ**傍証**は，似たもの同士を比べることだと思ってもらえればよいかと思います。

🔧「傍証」を書く道具

　さてそれでは，この傍証の書き方を具体的に学びましょう。要するに「野球のように…」とか「野球でキャッチボールから始めるとおりに…」のような表現ができるようになればよいわけです。もっとシンプルな例で考えましょう。「私は鳥のように飛びたい」と英語で言うとしたらどんなふうに表現すればよいでしょうか？　次の例文を見てください。

▌like と as

> ❶ **I want to fly (just) like a bird.**　　　　　　（～のように）**前置詞**
>
> ❷ **I want to fly (just) as a bird does.**　　　　（～（する）とおりに）**接続詞**
>
> （▶ does は代動詞。flies でも可）

　まず❶の例文でわかるように，**前置詞**で「鳥のように」を表したければ **like** を使います。**Section** 07で学んだ unlike の逆だと思えば理解しやすいでしょう。さらに❷の例文でわかるように，**接続詞**で表すなら **as** です。「様態の as」などと呼ばれ，Do in Rome **as** the Romans do.「ローマではローマ人がするようにしなさい＝郷に入ら

ば郷に従え」ということわざで習ったことがあるのではないでしょうか。

　しばしば，この２つを混同して次のように書いてしまった答案を見かけます。

誤答例

（×）**I want to fly <u>as</u> a bird.** (私は鳥として飛びたい)

　確かに as は前置詞としても使えますが，**前置詞の as に「～のように」という意味はありません**。前置詞なら， 誤答例 の日本語訳のように「～として」という意味しかありません。これでは比喩ではなく，本当に鳥になっちゃいますね。

　逆に like は本来，前置詞ですが，接続詞として使うことも広く認められています。つまり次のように書くことは問題ありません。

☐ **I want to fly just <u>like</u> a bird does.**

> **まとめ** ▶ 傍証を書く道具
>
> ☐ like（前置詞・接続詞）▶「～のように」
> ☐ as（接続詞）▶「～（する）とおりに」

> 問題演習　**道具を使ってみよう！**　　　　　　　　　　（考え方と解答例→ p.32）

　最近の大学入試では「読書の大切さ」について述べさせるような，抽象的であったり，場合によっては哲学的であったりするテーマについて論じさせる問題が増えています。そうしたテーマについて書くときに，傍証は便利です。ここでは「**読書することで視野が広がる**」と書くことにしましょう。ほかにも視野を広げてくれるもの，または世の中に対する見方や人生に対する見方を変えてくれるものはあるかもしれませんね。例えば旅をすることや学問をすること，年長者の話に耳を傾けることなど。そうしたものを傍証として使い，次の文の続きを書いてみてください。

✎ **Write your answer.**

Reading broadens your mind, ＿＿＿＿＿＿＿＿＿＿＿＿＿＿＿＿

＿＿＿＿＿＿＿＿＿＿＿＿＿＿＿＿＿＿＿＿＿＿＿＿＿＿＿＿

＿＿＿＿＿＿＿＿＿＿＿＿＿＿＿＿＿＿＿＿＿＿＿＿＿＿＿＿

＿＿＿＿＿＿＿＿＿＿＿＿＿＿＿＿＿＿＿＿＿＿＿＿＿＿＿＿

考え方と解答例

 前頁の問題 次の文の続きに傍証を書いてみよう。

Reading broadens your mind, ...

💡**ヒント**

視野を広げてくれるもの ▶ 旅をする，学問をする，年長者の話に耳を傾ける

傍証を使うときの一番簡単なやり方は，**Section**07 で学んだ unlike の逆である like を使うことです。like は本質的には前置詞なので，例えばシンプルに，次のように書くことができます。

解答例(1)

Reading broadens your mind, just **like** traveling abroad.

（ちょうど海外旅行のように，読書も人の視野を広げてくれる） (8 words)

これだけではあまり説得力がないと思えば，理由をつけ加えてもよさそうです。海外旅行にも読書にも共通するのは，新しい，今まで知らなかったことに触れさせてくれることです。それをつけ加えればもう立派な1文になることでしょう。

解答例(2)

Reading broadens your mind, just **like** traveling abroad, because you can learn a lot of things in both ways. (19 words)

（ちょうど海外旅行のように，読書も人の視野を広げてくれる。というのも，どちらのやり方でも多くのことを学ぶことができるからだ）

ところで，like の使い方に関してちょっとつけ加えておきます。**Section**07 で unlike を学んだときに説明した「比べるものを同じにして使う」というルールが like にも当てはまると考えてください。**解答例(1)**では reading という動名詞と traveling abroad という動名詞が比べられていました。つまり，比べるものが同じになっていたわけです。

それに対して次の例文を見てください。

解答例　バリエーション(1)

You can broaden your mind **by reading**, just like **by traveling abroad**.

(12 words)

（あなたは海外旅行をすることと同様に，読書をすることによっても視野を広げることができる）

32

　書いてあることは最初に挙げた例文とだいたい同じですが，you を主語にして「あなたは読書をすることによって視野を広げることができる」のように書いたために比べるもの同士（下線部）を同じにして使うのが少し面倒になりました。でも，このようにして書けることも理解しておいてください。

　もっとも，このような構文にするなら接続詞の as を使うほうが普通です。次の例文を見てください。

解答例　バリエーション(2)

You can broaden your mind by reading, **just as** you can by traveling abroad.

(14 words)

（あなたは海外旅行をすることと同様に，読書をすることによっても視野を広げることができる）

　今度は as を使ったわけですが，as は接続詞なので後ろに文を従えています。なお，you can は you can broaden your mind の省略です。Can you swim? と聞かれて Yes, I <u>can</u>. と答えれば，Yes, I <u>can swim</u>. と答える代わりになるように，助動詞を使った表現は助動詞だけに置き換えて，その後ろの動詞は省略できます。

　さらに「旅をすることで<u>視野を広げられる</u>ように，読書をすることによって<u>視野を広げられる</u>」のように単に繰り返すのではなく，少し工夫して書けばもっとカッコイイ文も書けます。例えば次の文のように。

解答例　バリエーション(3)

Just as you can grow by traveling abroad, you can learn a lot of things and broaden your mind if you read a lot.

(24 words)

（ちょうど海外旅行をすることで成長できるように，もしもたくさん読書をしたら多くのことを学んで視野を広げることができる）

　以上のようにいろいろな書き方があり，正解は１つではありませんが，**簡単に傍証を使いたかったら like，少し凝った書き方をしたかったら as** を使ってみるとよいでしょう。そして抽象的なテーマになればなるほど，似ているけれども，もう少しわかりやすい日常的なことを傍証に使って両者を比較することが，読者に伝わりやすい英文を書くための有効な手段になります。

Section
08
傍証

例示

例示

🔧「例示」を表す道具

「具体例を挙げる」というのも，読み手にとってわかりやすい英文を書く上で重要なことです。「例示」はそのための道具です。そしておそらく，みなさんが例を挙げるやり方として真っ先に頭に思い浮かべるのは **for example** や **for instance** でしょう。それでよいのですが，これらは **however**「しかし」や **therefore**「それゆえ」などと同様に，**文と文とを結ぶための副詞**であるという文法上の性質は覚えておいてください。

それでは，そのほかの道具も含めて使い方を見ていきましょう。

🔧「for example / for instance / in fact」と 「like / such as / from ～ to … 」

▎for example

❶ Getting exercise is becoming popular even among middle-aged people. For example, many people go jogging or go to a gym after work.

（運動をするのは中年の人たちの間でさえ人気になってきている。例えば，多くの人は仕事の後にジョギングに行ったりジムに行ったりしている）

❶では，for example の後に文が続いています。for example だけでなく **for instance** も同じ使い方をします。さらには **in fact** もだいたい同じです。in fact は「実際」と訳す熟語ですが，多くの場合，具体例を導くのに使われます。先程の例文の和訳「例えば」を「実際」に置き換えても，まったく問題がないことを確認してください。

さて，それに対して **like** や **such as** は前置詞です。先程の例文と次の例文を比べてみてください。

▎such as / like

❷ Getting exercise, such as [like] going jogging, is becoming popular.
（ジョギングするといったような運動をすることは人気になりつつある）

この❶と❷を混同している答案はしばしば見受けられます。

（？）Getting exercise, for example, going jogging, is becoming popular.

ネイティブでもしばしば書いているくらいなので, ダメだというほどでもないですが, 受験生にはオススメしません。**for example** と **such as** は使い分けてください。

さらには**前置詞**の役割をするものでもう1つ,〈**from ～ to ...**〉「～から…まで」のような表現方法も見たことがあるはずです。

from ～ to ...

❸ Getting exercise, **from** simply walking in a nearby park **to** doing a triathlon, is becoming popular.

(単に近くの公園で歩くことからトライアスロンまで, 運動をすることは, 人気になりつつある)

ほかにも例の表し方はありますが, とりあえずこのあたりまで使いこなせるように練習してください。

> **まとめ** ▶ 例示を表す道具
> ☐ for example / for instance / in fact ▶ 文と文を結ぶ副詞
> ☐ like / such as / from ～ to ... ▶ 前置詞 (次に名詞が続く)

問題演習　道具を使ってみよう！　　　　(考え方と解答例→ p.36)

一定の年齢に達した高齢者から一律に運転免許証を返納させるべきではないか, という議論には賛否両論あり, 賛成でも反対でも立論しやすいせいか, よく自由英作文のテーマに使われます。今回は反対論で次のように書くとします。このあと, 「孤立する」とはどういうことか具体的に説明してみてください。

✍ Write your answer.

I don't think elderly people should be obliged to give up their driver's license, because then many of them, especially those living in the countryside, would become more isolated.

(訳　私はお年寄りが免許を返納するよう義務づけられるべきではないと思います。というのも, そうしたら多くのお年寄り, とりわけ田舎に住むお年寄りがもっと孤立するからです)

考え方と解答例

> **前頁の問題** 次の文に続けて,「孤立する」とはどういうことかを例示の表現を使って具体的に説明してみよう。
>
> I don't think elderly people should be obliged to give up their driver's license, because then many of them, especially those living in the countryside, would become more isolated. ...

「孤立する」というのはそれなりに抽象的な単語です。こうした単語を使うのはある意味,効果的なのですが,反面,その抽象的な単語をどのような意味で使っているのかを説明することが必要になってきます。それができて初めて抽象的な単語を使いこなしていることが伝わり,よい答案になるのです。

　どのような具体例がここで挙げるのにふさわしいでしょうか。最初にそれを考えることが大切です。まずは,近所の食料品店やスーパーなどに行けなくなることではないでしょうか。さらには,お年寄りですから病院への通院もできなくなるかもしれません。とは言え,さすがに行かないわけにはいかないので,家族や知り合いに病院まで送ってほしいと頼んだり,タクシーを呼んだりせざるを得ないのですよね。そうしたことをうまく表現するのが「抽象的な表現を具体化する」ということです。

　まず前置詞である **like** や **such as** を使って,解答例を1つ挙げます。

解答例(1)

I don't think elderly people should be obliged to give up their driver's license, because then many of them, especially those living in the countryside, would become more isolated. <u>Even if they want to or have to go to some place, like the nearby grocery store or the hospital, they couldn't go there by themselves.</u>　(下線部のみ:26 words)

(下線部訳　たとえ近くの食料品店や病院などどこかに行きたくても,あるいは行く必要があっても,お年寄りは1人では行けないことになってしまうだろう)

like は前置詞ですから,その次には**名詞**が続いています。

　今度は文と文をつなぐ副詞である **for example** を使って,同じような内容のことを書いてみます。

36

解答例（2）

I don't think elderly people should be obliged to give up their driver's license, because then many of them, especially those living in the countryside, would become more isolated.   Even if they want to go somewhere, they couldn't do that by themselves. **For example**, just to go to the nearby grocery store or the hospital, they would have to ask someone to give them a ride.

（下線部のみ：37 words）

（**下線部訳**　たとえどこかに行きたくても自力ではそうできなくなってしまう。例えば，近くの食料品店や病院に行くためだけでも彼らは誰かに車に乗せて行ってくれるよう頼まざるを得なくなるだろう）

for example の後に**文**が続いているのがわかると思います。

解答例(1) 解答例(2) の２つの解答例でわかるように，どちらを使ってもだいたい同じ内容のことが書けるので，どちらを選ぶかは書き手次第です。それぞれの和訳の下線部を比べればわかるように，例を示すのに，簡単に**名詞（または動名詞）の列挙**で済ませたいなら **like** のような前置詞を使えばよいし，**独立した１つの文**で書きたいなら **for example** などの副詞を使えばよいわけです。

ただ一般的な傾向で言うと，受験生の自由英作文は具体例の挙げ方があまりうまくないように思えます。もっとはっきり言うと，具体例とは名詞を列挙するものだと思いこんでいる人が多いような気がします。

解答例(1) 解答例(2) の語数を見てください。下線部は 解答例(1) が26語，解答例(2) が37語です。いつも自由英作文を書いていて制限語数になかなか到達しない悩みを持つ人は，**具体例を文で書くように練習してみる**ことをオススメします。当たり前のことですが，like や such as を使ってその後に名詞を列挙するより，for example などを使って後ろに完全な文の形で例を書いたほうがはるかに語数は増えるからです。

ところで，ここでのテーマではないのですが， 解答例(1) にも 解答例(2) にも文中に would や could といった，それぞれ will や can の過去形が使われているのがわかると思います。これらは**仮定法**と呼ばれるものです。これについてはこの後，p.46で学ぶことになります。

Section 10　焦点化（強調）（1）

焦点化（1）

🔧 焦点化（強調）とは

　受験生の書く英文を添削していると，時々，文法的には正しいけれど，何が言いたいのかよくわからないような英文を見かけることがあります。その原因は，英文の中で強調すべきところがきちんと強調されていないというところにあります。日本語でもそうですよね。

---

❶「あのチョコレートを食べたのは<u>私</u>です」

❷「私が食べたのはあの<u>チョコレート</u>です」

---

　❶と❷はそれぞれ下線部を強調（言語学的にはあまり「強調」とは言わず「焦点化」などと呼んだりするのですが）しています。これをどちらも I ate the chocolate. と訳しては区別がつきません。**どこに重点があるのか**がわかるように，区別して英語で表現したいものです。どうしたらよいでしょう？

🔧 強調構文

　結論から言えば，強調構文という文法を使うことが最も簡便に強調すべきものを強調する手段です。強調構文は大変簡単な文法で，〈It is ... that〉の It is と that の間に強調すべきものをはさむだけです（ただし過去形の文の場合は It <u>was</u> ... that にするのをお忘れなく）。したがって❶と❷をそれぞれ英訳すると以下のようになります。

---

❶ It was <u>I</u> that **ate that chocolate.**

❷ It was <u>that chocolate</u> that **I ate.**

　（❶を It was <u>me</u> that ... とすることは口語ではよくありますが，単純に主語の I を It was ... that にはさんだと考えて，❶のように書くので十分です）

　文法的にはこのように極めて簡単なのですが，英作文で強調構文を使う受験生はほとんどいません。しかし最初に述べたように，**「言いたいこと」をしっかり伝えるためには使う必要があり**，きちんと使えれば，それだけでも採点官には好印象を与えられます。

　簡単に練習をしてみましょう。次の2つの文を英訳してみてください。

38

練習問題

❶ 大切なのは眠りの長さではなく深さだ。

❷ 私が授業に遅刻したのは電車が遅れたせいです。

それぞれ問題文の日本語に注目してください。普通の語順にすると❶は「眠りの長さではなく深さが大切だ」という文，❷は「私は電車が遅れたから授業に遅刻した」となりますが，下線部を強調するため，問題文ではそれぞれ語順がひっくり返っています。日本語では強調したいものはだいたい文末に置かれますが，英語の場合は強調構文を使えばよいわけです。それぞれ英訳例を書いてみます。

練習問題 解答例

❶ -1 **It is** <u>not the length of your sleep but its depth</u> **that** is important.

❶ -2 **It is** <u>not how long you sleep but how deeply you sleep</u> **that** is important.

❷ **It was** <u>because the train was delayed</u> **that** I was late for class.

「眠りの長さ」とか「深さ」は，**名詞節**を使って❶ -2のように表すのもよい方法です。

問題演習 **道具を使ってみよう！** （考え方と解答例→ p.40）

大阪大学の2021年入試で，「**AI がどんなに進歩しても AI によって取って代わられるべきではない仕事を1つ挙げよ**」という自由英作文の問題が出題されました。この類の問題は本書の [Chapter 3] で改めて取り上げますが，ここでは解答の最初の1文目だけ書いてみることにしましょう。

たぶん誰もが最初に考えるのは，医者の仕事ではないでしょうか。それをしっかり強調した英文を書いてみてください。ついでにその理由なども考えて，1文だけでしっかり言いたいことが伝わる英文を書いてみましょう。

✍**Write your answer.**

_____

_____

_____

Section **10** 焦点化・強調 ⑴

前頁の
問題 「AI がどんなに進歩しても AI によって取って代わられるべきではない仕事を
1つ挙げよ」という自由英作文の問題の解答として，最初の 1 文を書いてみ
よう。「それは医者の仕事である」ことを強調して，理由も加えてみよう。

　本書の [Chapter 2] 以降で詳しく説明しますが，自由英作文には大きく分けて 2 つ
のタイプが存在します。1 つは「自転車に乗る際のヘルメット着用を義務化すること
に賛成ですか反対ですか」のように**賛成か反対か，とるべき立場は 2 つのうちの 1 つ
しかないような問題**です。もう 1 つのタイプは，「健康を維持するのに一番大切なの
は何だと思いますか」のように，**解答者が自分で具体的に解答を考えなければならな
いタイプ**です。

　たいていの場合，後者のほうが書きづらいというのは想像できると思います。前者
のほうは解答の 1 文目に書くのは「私は…という意見に賛成 [反対] です」ということ
で，その書き方を覚えておけば少なくとも 1 文目は誰にでも書けるし，みな似たり
よったりの答案になるので点差はつきません。

　ところが後者は 1 文目からいろいろな答案が書けるでしょうし，そこですでに点差
も開くでしょう。今回の問題でもそうですが，**しっかりと 1 文目を書くのはこのタイ
プの問題では特に重要**です。1 文目だけで勝負を決めてしまいましょう！

　まず日本語で考えてみます。

---

❶ 「医者の仕事は AI に<u>取って代わられるべきではありません</u>」

❷ 「AI に取って代わられるべきでない仕事の 1 つは<u>医者の仕事です</u>」

　もし日本語で表現するのなら，❶より❷のほうがよい感じはしますよね。それぞ
れ下線部を強調している文ですが，**強調したいのは❷の下線部**ですから。

　英訳してみましょう。

解答例(1)

---

❶ The job of doctors should not be replaced by AI.　　　　　(10 words)

❷ It is <u>the job of doctors</u> that should not be replaced by AI.　　　　(13 words)

---

　❶はそのまま英訳したもの，❷はどこを強調しているかハッキリさせるために強
調構文を使ったもので，こちらがオススメです。

それ以外に，ある意味❷の日本語を直訳したような英文に見えると思いますが，次のように表現するのも実はよい書き方です。

One of the jobs that should not be replaced by AI is that of doctors.

(15 words)

これについては **Section** 11（→ p.45）で説明しますので，覚えておいてください。

さてここから先は，このセクションの強調構文というテーマとは関係がありませんが，今まで学んできたことの復習だと考えて，もう少し 1 文目を充実させましょう。そもそもなぜこのようなテーマが真剣に議論されるかといえば，「AI が今後も急速に進歩して人間の仕事の多くを奪ってしまうだろうし，医者の仕事でも技術面では人間の医者を上回る可能性が大いにある」からですよね。それを譲歩につけ加えるのは当然思いつくべきところです。具体的には，「**たとえどんなに AI が進歩しても**」とか「**たとえ診断する (diagnose) のは人間の医者より上手でも**」などと書くわけです。

もちろん，理由も書きたいですよね。「**AI は患者の気持ちがわからないから**」とか，「**患者に同情してくれないから**」というくらいは誰でも思いつきます。AI と人間の医者を比べているのでしょうから，対比（「**人間の医者とは異なり**」など）を書いてもよさそうです。

以上の要素を全部つないでみます。そうすると次のような文になります。

It is the job of doctors that should not be replaced by AI, **because no matter** how much AI progresses and **even if** it learns to diagnose patients more accurately than human doctors, **unlike** human doctors, it can never understand sick people's feelings.

(43words)

必ずしもここまですべての要素を 1 つの文に盛り込む必要はありません。けれどもこのくらい書くつもりで挑戦してみてください。これで43語です。こういった問題は 1 文目だけで勝負を決めてしまおう，というのはこういうことです。

焦点化（2）

🔧 疑似分裂文とは？

　ここでは，強調するためのもう１つの手段である「疑似分裂文」を学びます。みなさんは次のような文を参考書などで見たことがあるはずです。

❶ All (that) you have to do is (to) study.

（あなたのやるべきすべてのことは勉強することだ＝勉強だけともかくしなさい）

これがまさに疑似分裂文を使った文の１つの典型例です。

$$\underline{\text{All (that) you have to do}}_{\text{S}} \ \underline{\text{is}}_{\text{V}} \ \underline{\text{(to) study.}}_{\text{C}}$$

　All「すべてのこと」がこの文の主語です。それを that you have to do という関係詞節が修飾しています。「あなたがしなければいけないすべてのこと」というわけです。is がこの文の述語動詞，(to) study が補語です。

　❶の文はもともと You have to study.「君は勉強しなければいけない」という文でも意味が成り立つものを，All you have to do is study.「君がやらなければいけないすべてのことは勉強することだ」のように変形することで，下線部を強調（焦点化）したものです。

You have to study.	元の文
≒ All **you have to** do is **study**.	疑似分裂文

　疑似分裂文で書き換えた下の文の下線のところだけを読んでみてください。書き換える前の文が復元できますよね。まさに元の文を分裂させて，強調したいものだけを be 動詞の後に置いている感じです。だからこそ「疑似分裂文」と呼ぶのです。また，このことが study が原形でもよい（むしろ普通である）理由です。

　さらに❶の疑似分裂文は，次の❷～❹でもだいたい同じ意味になります。

❷ What you have to do is study.

（君がやらなければいけないことは勉強することだ）

❸ The only thing you have to do is study.

（君がやらなければいけない唯一のことは勉強することだ）

❹ The first thing you have to do is study.
（君がやらなければいけない最初のことは勉強することだ）

　疑似分裂文を簡単に定義するのは難しいですが，**all**, **what**, **the first thing**, **the only thing** などを主語にして，述語動詞である be 動詞の後に強調するものだけを置いた形といえるでしょう。簡単に練習してみます。次の日本語を英語にしてみましょう。

練習問題

高校生活で唯一後悔しているのは，きちんと勉強しなかったことだ。

　多くの受験生は I only regret not studying enough in high school. のように書くようです。間違ってはいないのですが，下線部を強調している感じがしないですよね。疑似分裂文を使ってみましょう。

練習問題／解答例

The only thing I regret about my high school life is not studying enough.

(14 words)

　今度は studying が動名詞になっています。理由は下線部を続けて読んでみればわかりますよね。それと同時に，疑似分裂文などというと難しそうに聞こえますが，ある意味，日本語を直訳しようとすると自然に疑似分裂文になるはずです。

 問題演習　道具を使ってみよう！ （考え方と解答例→ p.44）

　「ストレスをためない (avoid stress) ようにするために，最初にしなければならないことは何か」について英語で自分の考えを述べる問題があるとしましょう。それに対して，「自分だけの時間 (your own time) を持つことだ」と述べるような解答の1文目を書いてみてください。疑似分裂文を使い，さらに **Section** 10 の問題演習のように理由などをつけ加えた1文を作ってもらえれば，なおベターです。

✐ **Write your answer.**

前頁の
問題 「ストレスをためない（avoid stress）ようにするために，最初にしなければならないことは何か」について，「自分だけの時間（your own time）を持つことだ」と答える場合の最初の1文を，疑似分裂文を使って書いてみよう。理由までつけられるとベター。

すでに解説したように，「疑似分裂文」などというと難しく聞こえるかもしれませんが，ある意味，日本語と同じように英作文すれば勝手に疑似分裂文になってしまいます。「ストレスをためないようにするために一番大切なことは〜することだ」という日本語を，そのまま直訳してみてください。自然と次のようになるはずです。

解答例(1)

The first thing <u>you must</u> do to avoid stress is <u>(to) have your own time</u>.

(15 words)

もともとこの文は，次のような文を分裂させてできたものです。

元の文 **You must have your own time to avoid stress.**

解答例(1) の下線部をつなげて読むと，元の文が現れてきますね（語順は変わりますが）。したがって今度は，be 動詞の後は (to) have your own time のように，原形で書くのが正解です（to 不定詞もアリですが）。

さらに次のように書いても構いません。

解答例(2)

What <u>you must do most</u> to avoid stress is <u>(to) have your own time</u>. (14 words)

前のページで述べたように，あまり難しく考えず，日本語で「ストレスを避けるためにすべきことは〜すること」というのをそのまま英作文に直訳するだけだと思ったほうがよいかもしれません。

さて，ここから先はまた復習です。この文にいろいろな要素をつけ加えて，しっかりした1文目を作ってみましょう。

譲歩をつけ加えるとしたら？　反対論者は「そんなこと言ったって忙しすぎて無理だよ」と言うでしょう。それを譲歩にすればよいのです。つまり，「**たとえどんなに忙しいときでも**」のように，ということです。

　さらには「自分の時間を持つ」**目的**は？　リラックスしたり，ぐっすり眠ったりして，少し難しい言い方をするなら「自分を取り戻す (recompose oneself) ため」ですよね。または**理由**の形で書いてもよいと思います。「自分の時間があってリラックスすれば，仕事や勉強のことを忘れられるので」のように。何とおりか，書いてみてください。

　ごく一例ですが，例えば次のような文になるはずです。

The first thing you must do to avoid stress is (to) have your own time, no matter how busy you are, because by staying by yourself and relaxing, you can forget about your job or, if you are a student, about your studies. (43 words)

（ストレスをためないようにするのに最初にしなければならないことは，たとえどんなに忙しくても自分の時間を持つことであり，それは1人きりでリラックスすることで仕事のことや，もし学生なら勉強のことを忘れられるからだ）

　これもいろいろ盛りだくさんな解答例ですが，最初のうちは頑張って，これまで習ってきたいろいろな道具を意識的に組み合わせてみる練習をしてください。

　さて，本問はこれで終わりですが，もう少し補充説明をします。Section 10の問題演習で，「AI に取って代わられるべきでない仕事の1つは医者の仕事だ」を強調構文で書く（→ p.40）以外に，p.41で次のような書き方を紹介しました。

☐ **One of the jobs that should not be replaced by AI is that of doctors.**

　文法上はこの文を「疑似分裂文」とは呼びませんが，同じような発想をしているのがわかると思います。またある意味，日本語を直訳したらこんな感じの英文になりますよね。日本語で強調する語句を文末に置くように，**英語でもうまく主語を立てて，be 動詞の後に強調する語句を持ってくる**とよさそうなのがわかると思います。

　少しずつ疑似分裂文や似たような発想のコツをつかんで，思いどおりの英文が書けるようになるとすばらしいです！

Section 12　仮定法

仮定法

🔧 仮定法とは

　自由英作文を書く上での道具の最後は仮定法です。仮定法と自由英作文は切っても切れない仲にあると言っても過言でないほどで，自由英作文を書く上で仮定法を使う機会は極めて多いです。

　最初に少しだけ文法的なことを確認しましょう。「**条件**」には**2種類**あります。1つは「**実現の可能性のある条件**」（例えば「もし明日雨が降ったら」），もう1つは「**実現の可能性がまったくない条件**」（例えば「もしもう少し若かったら」）です。後者には仮定法を使いますが，前者には仮定法を使いません。条件を表現するのには，いつも仮定法を使うか否かを判断しなければいけないわけです。例文で確認をしましょう。

■仮定法を使う条件文と使わない条件文

> ❶ **If it rains tomorrow, I will stay home.**　　　　　直説法
> 　（もし明日雨が降ったら私は家にいる）
> ❷ **If I were a little younger, I would marry her.**　　仮定法
> 　（もしもう少し若かったら彼女と結婚するのだが）
> ❸ **If I could swim, I could go to the beach with her.**　仮定法
> 　（もしも泳げたら彼女と海に行けるのだが）

　前述のとおり，❶のような実現の可能性のある条件には仮定法を使いません。それでは動詞の形をどうするか。和訳でわかるように明日の話をしているので未来形を使いたいところなのですが，「条件の副詞節の中では未来のことも現在形で表す」というルールがあるので，if 節の中は現在形 (rains)，結論の部分は未来形 (will stay) が使われています。こうした仮定法を使わない形を，文法的には直説法と呼びます。

　❷は，❶の和訳と比べればわかるように，日本語ではあまり区別が明確ではありませんが，❶と違って実現の可能性がまったくない仮定（今より若返るなどということはありえない）です。このような仮定には仮定法を使います。具体的には if 節中では動詞の過去形 (were)，結論部分では助動詞の過去形 (would。could などでも可) を使います。この形をひっくるめて「仮定法過去」などと呼びますが，if 節の中と結論とでは，片や動詞の過去形，片や助動詞の過去形というように，異なる形を使うことに要注意です。ここが大事なところです。**if 節中は動詞の過去形，結論部分（帰結節と呼びます）は助動詞の過去形 (would や could)** です。

　ただし❸のように，「もしも〜できたら」というときには，if 節の中でも助動詞の

過去形である could を使って構いません。その結果，❸のように if 節の中の動詞の形と結論部分の動詞の形が同じになりますが，あくまでもこれは例外です。通常は，❷のようになるべきということを忘れないようにしてください。

さて，それではこの仮定法の自由英作文での使い方について考えてみましょう。

🔧 自由英作文での仮定法

自由英作文では，「もし他人の心が読めたらどうなるか」「もしタイムマシンがあってどの時代にも旅できるならどの時代に旅するか」など，**明らかに非現実的な仮定に対する解答を求めるものが多くあります。こうしたものにはもちろん仮定法を使って解答を書くことが必要です。**さらに，ここまで非現実的な仮定でなくても，「もし大学生全員にボランティア活動を義務づけたら」「もし日本の公用語を英語にしたら」といった，もしかしたらそのうち実現するかもしれないけれども現時点ではまったく実現するめどが立っていない仮定には仮定法を使って構いません。**迷ったら仮定法を使ったほうが無難**です。

問題演習　道具を使ってみよう！　　　　　　　　　（考え方と解答例→ p.48）

実際に使ってみましょう。「もしも宝くじ (a lottery) で10億円当たった (win) としたら」というテーマで仮定法を使って解答の1文目を書いてみましょう。「受験勉強にはうんざりしているし，もう頑張って勉強する必要もなさそうだから，勉強はやめて何かほかのことをする」ということにしましょうか。

✏️ **Write your answer.**

考え方と解答例

前頁の問題 「もしも宝くじ（a lottery）で10億円当たった(win) としたら」というテーマで，仮定法を使って解答の1文目を書いてみよう。

💡ヒント

結論部 ▶「勉強をすっかりやめるだろう」　**理由** ▶「受験勉強にうんざりしている」

　まず，一番の根幹になる部分を仮定法を使って書いてみましょう。すなわち「もし宝くじで10億円当たったら私は勉強なんてやめるだろう」という部分です。前のページで解説したように，たとえ確率はゼロでないとしても限りなく妄想に近い仮定には仮定法を使います。

　そして仮定法は，46ページで説明したように，形の面で要注意です。すなわち「仮定法過去」という文法を使うわけですが，「過去」と言っても，**if 節中は動詞の過去形，結論部には助動詞の過去形**を使います。その結果，次のような形になります。

解答例（1）

If I **won** one billion yen in a lottery, I **would** stop studying altogether.

(14 words)

　この文のif節部分は省略してもよいです。日本語でもそうですよね。「もし宝くじが当たったらどうする？」と聞かれたら，「受験勉強なんてやめるよ！」というふうに答えるでしょう。「もし宝くじが当たったら」という条件はもう了解事項として，いちいち繰り返さず省略するのがむしろ普通です。英語も同じです。単に次のように書くことも可能です。

解答例（2）

I **would** stop studying altogether.

(5 words)

　何を言いたいかわかってもらえることと思います。たとえif節を省略しても，やはり結論部分には助動詞の過去形を使うということです。

　さて，これに**理由**をつけ加えてみましょう。宝くじに当たって勉強をやめるのは「**もう受験勉強にはうんざりだから**」ですよね。「～にうんざり」を表す熟語は〈be tired of〉や〈be fed up with〉，〈be sick of〉などがあり，どれかは知っていることと思います。どれを使ってもよいのですが，ポイントは**この文には仮定法を使わない**ということです。宝くじに当たろうがそうでなかろうが「受験勉強にうんざりしている」というの

は今現在の事実だからです。したがって，その部分をつけ加えれば次のようになります。

解答例(3)（＋理由）

If I **won** one billion yen in a lottery, I **would** stop studying altogether, because I **am** fed up with studying for college entrance exams. (25 words)

　その結果，この1つの文の中に動詞の過去形（仮定法のif節内の形），助動詞の過去形（仮定法の結論部の形），動詞の現在形（直説法で書かれた部分）の3つの動詞の形が混在することになるわけです。これらの区別がきちんとできると，仮定法を使いこなせているということになります。

　次に，今度は少し違う形で「宝くじに当たったら勉強をやめる」理由を書いてみることにします。

Which is better?

理由

❶ 受験勉強にうんざりだから。
❷ もう頑張って勉強して有名大学に入る必要がないから（もし宝くじに当たったら）。

　❶のように理由を書いても（→ **解答例(3)** ）❷のように理由を書いても同じことに思えます。けれども❷のほうはカッコの中に書き足したように，あくまでも**宝くじに当たることが前提**になっています。したがって❷のように書くのなら，次のように**理由の部分にも仮定法**（助動詞の過去形）**を使う**ことになります。

解答例(4)（＋理由）

If I won ten billion yen in a lottery, I would stop studying right away, because I **would** no longer need to study to get into a famous university. (29 words)

　こういうところが仮定法の難しさです。さらに「受験勉強をやめる」だけでなく，「**プライベート・ジェット**で世界一周の旅に出る」ことにしましょうか。それももちろん宝くじに当たることが前提ですから，仮定法を使います。

　全部入れた解答例を載せます。動詞の形に注目してください。

解答例(5)（＋理由）

If I **won** ten billion yen in a lottery, I **would** stop studying right away, because I **am** fed up with studying for college entrance exams and I **would** no longer need to study to get into a famous university; I **would** then travel around the world on a private jet. (51 words)

Section 12 仮定法

49

[Chapter 2]

２〜３文で
自分の意見を書こう

この章のねらい

それではいよいよ本格的に自由英作文を書いてみることにしましょう。と言っても実際の入試問題を演習するのはもう少し後にして，まずは基礎練習です。手始めに２〜３文程度で自分の意見を述べる練習をしてみます。

ただし，目の以下の点に留意して練習をしてください。

□ [Chapter 1] で学んだ「理由」「譲歩」「目的」といった英語で自分の意見を表現するための道具を，できる限り使ってみるようにしてください。

□ １つの話題だけで２〜３文書いてみましょう。例えば「ペットを飼うことのメリットとデメリット」を述べるとしましょう。ペットを飼わない理由として「世話が面倒だ」と述べたいなら，今はその話だけで２〜３文書く練習をしてみてください。「さらには死んだときに悲しい」のように２つ目の別の理由を述べる練習は，次の章ですることにします。

□ どのように２〜３文を書くかは自由ですが，多くの場合，１文目で述べたことを２文目で具体化するのが常套手段です。詳しくは実際に問題を演習しながら解説していきます。

主張＋理由

I would not like to have a pet, because it is a nuisance
to take care of a pet. In fact, if it gets ill, you have to...

具体例

問題 **1**

最近ペットを飼う人が増えています。ペットを飼うことのメリットやデメリットとは何でしょう?

 まずは「飼うメリット」を書いてみましょう!

ヒント 昔は,例えば番犬や猟犬のような実用目的でペットを飼うこともあったかもしれませんが,今はそういった実用目的でペットを飼う人はめったにいませんよね。かわいい,癒しになるからと飼うわけです。

それでは誰に,どのような癒しになるでしょうか? 我々みんなの癒しになるでしょうが,特にそうした癒しを必要とする人って誰でしょう? 例えば下のようなシナリオが思いつければよさそうです。そしてそれを表現するためには,[Chapter 1]で学んだいろいろな道具が使えそうです。

 構成案を検討しよう!

❶ 1文目	主張:メリットの1つは癒しになること	
❷ 2文目	具体例(1):誰にとって:一般の人(帰宅してペットが待っていてくれるのを見るとホッとする)	
	+ 譲歩:たとえ仕事や勉強でストレスがたまっていたり(get stressed),疲れて帰宅しても	
	+ 理由:ペットが待っていてくれるのを見るとホッとする(feel relieved)	
❸ 3文目	具体例(2):誰にとって:独居のお年寄り(一人暮らしのお年寄りは特に寂しくなくなる)	
	+ 手段:ペットを飼うことで	
	+ 理由:彼らにはペットは家族の代わり(a substitute)になるから	

✎ **Write your answer.**

_____

_____

_____

_____

🐱 解答例と解説

解 答 例

❶ One good point of having a pet is that pets heal you. ❷ **Whether** you are stressed **or** tired when you get home, **by seeing** your pet waiting for you at the door, you can feel relieved. ❸ Especially, elderly people **who** live alone feel less lonely by having a pet, because it can be a substitute for a family member.

(59 words)

訳 ❶ ペットを飼う1つのよい点は，ペットは人を癒してくれることです。❷ たとえ帰宅したときにストレスがたまっていようが疲れていようが，ペットが玄関で待っているのを見るとホッとします。❸ とりわけ一人暮らしのお年寄りはペットを飼うと家族の代わりになるので，寂しさが和らぎます。

解 説

❶1文目：まず「ペットを飼うことの1つのよい点は〜です」のように書きました。単に「ペットは癒してくれます」と書くよりも，こちらのほうがよいですよね。

❷2文目：「たとえストレスがたまっていたり…」の譲歩は **whether ... or 〜** を使って書きましたが，**No matter** <u>how stressed</u> **you are** のように no matter how を使って書いても，もちろん構いません（下線部の語順に注意）。
「ペットを見ることで」は 〈by 〜ing〉 で表現してあります。〔**Chapter 1**〕で学んだように，by 〜ing を使うときには主語の一致に注意が必要です（→ p.14）。

❸3文目：「独居のお年寄り」のところは**関係詞**を使って表現してあります。〔**Chapter 1**〕では接続詞を中心に勉強しましたが，関係詞も文を複雑にするけれども自分の言いたいことをしっかり表現するためには必要な道具です。きちんと書けたでしょうか。この3文目の「**ペットを飼うことで**」という手段や「**家族の代わりになるから**」という理由は，ほとんどの人は「言わなくてもわかる」とばかりに書かないでしょう。でも，そのようなところをキッチリ書くことが**文の論理性**につながります。そして何より，この解答例のように最初に**結論〔主張〕**を述べてから，具体例を説明するようにしてください。

問題 2

最近ペットを飼う人が増えています。ペットを飼うことのメリットやデメリットとは何でしょう?

 今度は「飼うデメリット」を書いてみましょう!

ヒント ペットを飼う最大のデメリットは，おそらく「世話が大変」ということと，「死んだときに悲しい」という2つでしょう。まずは，「世話が大変」という理由で書いてみましょう。いろいろな世話を列挙する代わりに，「病気になったら…」と「たとえ病気にならなくても…」のように，**場合分け**のようにして書くと書きやすいでしょう。先程のメリットの解答例で「一般の人」と「独居老人」とに分けたのと同じ理屈です。

 構成案を検討しよう!

❶ 1文目	主張：デメリットの1つは世話が大変なこと	
❷ 2文目	具体例(1)：獣医さん(a vet)に連れていかなければいけない	
	✚	条件：もしペットが病気になったら
❸ 3文目	具体例(2)：きちんとご飯を与えたり(feed)，遊んであげたりしなければいけない	
	✚	譲歩：たとえ病気にならなくても
	✚	理由：健康を維持(stay healthy)できるよう，ストレスをためぬよう

✎ Write your answer.

_____

_____

_____

_____

_____

😺 **解答例と解説**

解答例

❶ One bad point of having a pet is that it is a nuisance to take care of one. ❷ In fact, if it gets ill, you have to **take it to a vet**. ❸ And **even if** it doesn't get ill, you have to be careful about how to feed it **so that** it can stay healthy, **and** sometimes play with it **so that** it won't get stressed.

(66 words)

訳　❶ ペットを飼うことのよくない点の1つは，世話をするのが大変ということです。　❷ 実際，病気になったら獣医さんのところに連れていかなければいけません。　❸ そして病気にならなくても，健康を維持できるようにどのようにご飯を与えたらよいか気をつけなければいけないし，ストレスがたまらないように時々は遊んであげなければいけません。

解説

❶ **1文目と** ❷ **2文目**：単語が意外に難しいかもしれませんが，それさえ何とかなれば，ここは書けるでしょう（日本語では「病院に連れていく」のように言いますが，英語では「**獣医さんのところに連れていく**」というのが普通です。そして獣医さんのことは a veterinarian と言うのですが，通常は略して vet と言います。しかし，最初のうちはこうした細かい語彙の問題はあまり気にしなくてもよいです）。単に「世話が大変です」と書く代わりに「ペットを飼うことのよくない点の1つは世話が大変ということです」のように書くのは，前の解答例と同じ理屈です。

❸ **3文目**：ここをしっかり表せるかが問題です。まず，「**たとえ病気にならなくても**」という**譲歩**を even if を使って表しています。そして，「**ペットが病気にならないように（飼い主が）ご飯の与え方に注意する**」というふうに，主語の異なる目的を so that を使って表しています。

さらに **and** をうまく使って，「（ご飯の与え方）に注意する：be careful about ...」と「遊んであげる：play ...」という，2つの動詞の原形をつないでいます。**and も立派な接続詞であり，うまく使えるようになるのは重要**です。このあたりはすでに〔**Chapter 1**〕で学びましたよね（→ p.21）。

❷ **2文目と** ❸ **3文目**：もう一度，2文目と3文目を見てください。「もし，病気になったら…」，「たとえ病気にならなくても…」のように，条件を分岐させて書いているのがわかると思います。結局，いずれにせよペットは世話が大変だということをこのように表しています。これはいろいろなところで使えるテクニックです。

55

問題 3

　　最近ペットを飼う人が増えています。ペットを飼うことのメリットやデメリットとは何でしょう？

 今度は「死んだときに悲しいので飼わない」の立場で書いてみましょう。

 ヒント「ペットが死んでしまったら悲しい」というのは誰にとっても当たり前のことで、そうした当たり前なことは逆に理由が書きにくいものです。それでも理由を考えてください。ペットの寿命は人間より短いから飼い主より先に死んでしまう？　そんなことを書いても悪くないですが、**なぜ悲しい気持になるのかという理由**ではなさそうですね。「**(長年)家族同様に暮らしていたから悲しい**」のではないでしょうか。

　　理由を書いた後、それを**具体化**してください。問題1や問題2のように「場合分け」的に2つの例を書くのは、この問題に関しては少々やりづらいかもしれません。それならば**1つの例**でもよいです。また、こういうときは自分が実際に体験したことを書きたくなるものですが、自分のことを物語るのは意外に難しいものです。**世間でよくある誰でも体験するようなことを簡潔に書くのがオススメ**です。1文目で書いた「家族同様に暮らしてきた」というところを少し具体化してください。

構成案を検討しよう！

❶ 1文目	主張：ペットを飼うデメリットの1つは、死んだら悲しいということ	
❷ 2文目	理由：死んだら悲しい	
	＋	理由：長年家族同様に暮らしていたので
❸ 3文目	具体例：ペットがまだ小さいうちからずっと世話をし、また癒やされてきた	
	＋	理由：二度とそのつらさを味わいたくないので

✎ Write your answer.

🐱 解答例と解説

解 答 例

❶ **The worst thing about having a pet is that** you suffer a lot **when** your pet dies, because you have lived with your pet for a long time **by the time** it dies, so it has become like a family member. ❷ In fact, you have probably lived with your pet since it was really small and have taken care of it and have been comforted by it.

(72 words)

訳 ❶ ペットを飼うことの一番よくない点は，ペットが死んだときに非常につらい思いをすることです。というのは死ぬときまでに長い間一緒に暮らしていて，その結果，家族の一員のようになってしまっているからです。❷ 実際，ペットが本当に小さいときから一緒に暮らし，世話をして，癒されてきたのです。

解 説

❶ **1文目**：前の解答例と同様に「1つの悪い点は…」のように書いてもよいのですが，ペットが死ぬというのはやはりダントツに悲しいことですよね。その意味で最上級を使い，「一番嫌なことは…」のように書きました。

しかもこの文には **when** や **by the time** などの**接続詞**も使われていて，複雑な文になっています。これら時を表す接続詞について [**Chapter 1**] で学ぶ機会はありませんでしたが，うまく使いこなして「言いたいこと」を表現してほしいところです。

❷ **2文目**： 💡ヒント のところで書いたように，自分の体験ではなく一般論的な書き方をしたほうが書きやすいはずです。つまり，「私はペットが小さい頃からずっと世話をしてきた」と書くより，「世の中のペットの飼い主は…」のように書くということです。こういうときに **you** は便利に使えます。つまり，具体例を書くときに自分を主語にして「私にも…という体験がある」のように書きたくなったら，**you** を主語にして「人はよく〜のような体験をする」のように書いてください。

問題 4

自転車に乗るときにヘルメットを着用することが義務化されました。あなたはこれがよいことだと思いますか？　それとも思いませんか？

 まずは「義務化はよいこと」だと主張する立場で書いてみましょう！

ヒント) 政府や学校などが国民や学生に何かを強制したり，縛りつけたりするようなルールを新設した際に，それに対しての賛否を英語で書かせる問題はよくあります。それに**賛成をするときの論点は基本的に2つあります**。1つは「**そのルールがいかに我々にとってよいか**」（本問で言えば，ヘルメットを着用するのがどれだけ大切か）を論じることであり，もう1つは，「**義務化が必要である**」（義務づけないとみんなヘルメットを着用しない）ことを論じることです。

前者は誰でも思いつくのですが，後者を論じることは気づかない人も多いようです。まずは簡単に書けそうな前者で書いてみましょう。

 構成案を検討しよう！

❶ 1文目	主張：自転車に乗る人にヘルメットの着用が義務づけられた（be obliged to 〜）のはよいこと	
	✚ 譲歩：たとえちょっと面倒（a hassle）と思えても	
	✚ 傍証：オートバイに乗る人と同様に	
	✚ 理由：ヘルメットは自転車に乗る人を守ってくれるから	
❷ 2文目	具体例：被害を最小化（minimize）できる	
	✚ 譲歩：たとえ転んでも，車にはねられても	
	✚ 条件：ヘルメットさえ着用していれば	

✐ Write your answer.

_____

_____

_____

_____

_____

🐱 解答例と解説

❶ I think it is **a good thing** that bike riders **are obliged to** wear a helmet just like motorcyclists, **because** even if it seems a hassle, wearing a helmet protects you. ❷ **Whether** you fall **or** are hit by a car, **as long as** you are wearing one, it minimizes the damage.

(51 words)

訳 ❶ オートバイに乗る人と同様，自転車に乗る人がヘルメット着用を義務づけられたのはよいことです。というのも，たとえ面倒に思えても，ヘルメットの着用は身を守ってくれるからです。
❷ 転ぼうが車にはねられようが，それを着用してさえいれば，被害を最小限にしてくれます。

解説

❶**1文目：**ヘルメットの着用を義務化することに「賛成（agree with 〜）」とか「反対」だと言ってもよいのですが，もうすでに法律になっていることです。こういうときは **a good thing** や **a bad thing** という表現をよく使います。日本語でも「よいこと」「悪いこと」と言いますよね。英語でも同じです。[Chapter 4] も参照してください（→ p.171）。「**義務づける**」（→ p.180）も正しく表現したいところです。**理由**はごくシンプルなものなので **because** を使い，主張と合わせて1文にしました。

自転車に乗る人にヘルメットの着用を義務化するのは，オートバイに乗る人からの類推ですよね。そして当然，人々の反応は「**面倒だ**」ということでしょう。そういったところを**譲歩**や**傍証**を使って表します。そろそろ慣れましたか？

❷**2文目：**ここが少し複雑です。「❶たとえ転んでも…」のような**譲歩**と，「❷もしヘルメットを着用していれば」という**条件**と，2つの接続詞を使うわけですから。

❶は **whether** で表せましたか。「転ぶ」，「はねられる」という2つの可能性が **or** でつながれています）。❷は if でも問題ありませんが，[Chapter 1]で学んだように「**〜さえすれば**」という最低限の条件を表すには，**as long as** という接続詞も使えることを思い出してください（→ p.10）。今回はそちらを使ってみました。

「**最小化する**」minimize は思いつきにくい単語だと思います。けれども，ヘルメットを着用したからといってけがをしないわけではないので，「けがをしない」とは書きづらいです。この単語が思いつかないなら，**you are less likely to get seriously injured**「重傷を負いにくい」とか，you can avoid getting seriously injured「重傷を負うのを避けられる」とでも書くことになるでしょう。もちろん，それでもよいです。

問題 5

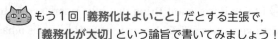

　　自転車に乗るときにヘルメットを着用することが義務化されました。あなたはこれがよいことだと思いますか？　それとも思いませんか？

もう1回「義務化はよいこと」だとする主張で，「義務化が大切」という論旨で書いてみましょう！

ヒント　問題4 のような書き方に比べると，こちらは多少話が抽象的で書きにくいはずです。しかしまさにこういうことこそ，英語で論じる醍醐味を感じられるはずです。どのように書いたらよいか頑張って考えてみましょう。

　　ヘルメットを着用するのはもちろんよいことなのでしょうが，それを**義務化する理由**は？　それは**義務化しなければ着用しない人がいるから**です。または義務化したとアピールすることで，**自転車に乗る人の意識を向上させられるから**です。それでは，どんな人がどんなときに**ヘルメットを着用しない**のでしょうか。**近所の買い物**に自転車で行く人，**自転車通学**する高校生などが頭に浮かびますよね。それを**具体例**にして書けばよいのです。

 構成案を検討しよう！

❶ 1文目	主張：ヘルメットを義務化することが必要	
	＋	譲歩：たとえヘルメットが身を守ると知っていても
	＋	理由：着用したがらない人が多いから
❷ 2文目	具体例：近所のスーパーに行く人や自転車通学する高校生はヘルメットを着用したがらない	
	＋	条件：ヘルメットの着用を義務づけられない限りは

✎ Write your answer.

🐱 解答例と解説

❶ I think it is really necessary to oblige bike riders to wear a helmet, **because** many people hate wearing one **even if** they know it protects them. ❷ For example, people who just want to go to a nearby supermarket by bike or students who ride a bike to school will not wear a helmet **unless** they are obliged to.

(59 words)

訳 ❶ 私は自転車に乗る人にヘルメット着用を義務づけるのは本当に必要なことだと思います。というのも，多くの人はそれが自分を守ってくれると知っていても，着用することを嫌がるからです。 ❷ 例えば，近くのスーパーに自転車で行くだけの人や自転車通学している生徒たちは，義務づけられない限りはヘルメットを着用しないでしょう。

解説

❶ 1文目：「義務化でもしないとヘルメットを着用しない人が多い」という理由を because で，「たとえ身を守ると知っていても」という譲歩を even if で表現しました。もうこの程度の文を組み立てるのには慣れてきましたね？

❷ 2文目：「近くのスーパーに自転車で行こうとする人」や「自転車通学している生徒」は関係代名詞を使うことになるので，少し複雑な文になりました。繰り返しますが，関係詞をしっかり使いこなすのは接続詞をしっかり使いこなすのと同様，多少複雑なことを表現する上では大切なことです。

最後の「もし強制されないと」という部分は unless (→ p.10) を使いました。unless は as long as とちょうど正反対の，「〜しない限りは」という否定かつ最低限の条件を表すのに使います。もちろん〈if + not〉で表しても問題はありません。

さて，英文を組み立てることにはそろそろ少し慣れてきたことと思います。同時に論旨の組み立て方にも少し留意してください。こうした**「強制」に賛成するときには「それがよいこと」と主張し，さらに「強制しないとダメ」を論じる**わけです。

タイプ	賛成か反対かを答える
テーマ	自転車でのヘルメット着用の義務化
答案の方向性	賛成(1) 賛成(2) **反対**

問題6

自転車に乗るときにヘルメットを着用することが義務化されました。あなたはこれがよいことだと思いますか？ それとも思いませんか？

今度は「義務化はよくない」という反対論で書いてみましょう！

💡ヒント このような問題に**反対するときの論点**も，賛成するときと同様に2つあります。1つは**ルールの無効性を主張すること**（ヘルメットなんて着用しても意味がない，など），もう1つは，「押しつけ」はいつでも人の自由を束縛しようとするものなので，**その押しつけに反対すること**（おせっかいはやめろ，自転車に乗る人の自由にさせろ，など）です。どちらでもよいのですが，ここでは書き方を習得するといろいろな問題に応用が効きそうな，後者で書いてみることにしましょう。

構成案を検討しよう！

	主張：ヘルメット着用の義務化はよいこととは思わない	
❶ 1文目	➕	譲歩：たとえヘルメットが身を守ってくれるとしても
	➕	理由：すべての人に強制するのは，やりすぎ（go too far）だから
❷ 2文目	具体例	
	➕	譲歩：車道をスピードを出して乗る人ならヘルメットは必要かもしれないが
	➕	例：近所のコンビニまで自転車で行く人には不要

✏️ Write your answer.

_____

_____

_____

_____

_____

_____

_____

😺 解答例と解説

解 答 例

❶ I don't think it is a good thing to oblige all bike riders to wear a helmet, because, even if it can protect you to some extent, it **goes too far** to oblige everyone to do so. ❷ For example, **even if** a helmet is necessary for serious cyclists, who ride a bike along with traffic at a fast speed, it is not always necessary if you just ride to a convenience store near your house.

(75 words)

訳 　❶ 私はすべての自転車乗りにヘルメットを着用することを義務づけるのはよいこととは思いません。というのは，たとえある程度まではヘルメットが身を守ってくれるとしても，すべての人にそうするように義務づけるのは，やりすぎだからです。❷ 例えば速いスピードを出して交通（車，バイク）と一緒に走るような本格的な自転車乗りにはヘルメットは必要かもしれませんが，単に近くのコンビニへ行くだけなら必要ではありません。

問題
6

解 説

　❶1文目：何と言っても「押しつけ反対」という論旨で述べるなら，「**強制はやりすぎ**」「**強制は自由の侵害**」ということを表現するための語彙を知っておく必要があります。詳しくは［Chapter 4］を参考にしてもらうのがよいと思いますが，「**〜を侵害する**：intrude on 〜」「**〜に干渉する，じゃまする**：interfere with 〜」「**やりすぎる**：go too far」などのうち，どれか1つでも知っていれば表現できるので，ぜひこの機会に学んでおいてください。

　❷2文目：ヘルメット着用の意味がないと言っているわけではなく，あくまでも「全員に強制するのは，やりすぎ」という論旨ですから，発想としては「それでは，誰にとっては必要だけれど，誰にとっては必要でないのか」を考えれば，「**本格的な自転車乗りには必要かもしれないけれど**」のような譲歩も思いつけるのではないでしょうか。

　個々の表現に関しては，思いつきにくいところがいくつかあったと思います。「本格的な自転車乗り」を serious で表すとか，車やオートバイなどを一括して traffic で表すところなどです。しかし，これらはあまり気にしなくて大丈夫です。traffic の代わりに cars などとしても，十分言いたいことは伝わります。

　それより前問同様，**論旨の組み立て方を覚えておいてください。「強制に反対」のときは，「その強制すること自体がダメ」と「強制はやりすぎだ」です。**

タイプ	賛成か反対かを答える
テーマ	大学生のボランティア活動の義務化
答案の方向性	賛成	反対

すべての大学生にボランティア活動を義務づけるべきであるという意見に賛成ですか，反対ですか。

 最初に「賛成」の立場で書いてみましょう！

💡**ヒント** 問題4 〜 問題6 で扱った「自転車のヘルメット義務化問題」とだいたい同じタイプの問題だとすぐに気がつけるはずです。ということは同じように書けるでしょう。つまり，「**ボランティア活動をするのはよいこと**」のように書くか，「**義務づけることが必要**」のように書けばよいということです。ただし，1つだけ今回の問題が異なっているのは，ヘルメットの義務化が法律になっているのに対し，ボランティア活動の義務化（必修化）は，たとえそれをしている大学があったとしても極めて例外的で，少し妄想めいているということです。つまり，うまく**仮定法を使う**ことが必要になります。

それでは，賛成の立場で書いてみます。「ボランティアはよいこと」という論旨は当たり前すぎて書きにくいでしょうから，「**義務化が必要**」という論旨で書いてみましょう。

 構成案を検討しよう！

❶ 1文目	主張：大学生にボランティア活動を義務づけるべき	
❷ 2文目	理由：実際に体験したら，ボランティアは難しくも退屈でもないことがわかる	
	+	譲歩：<u>たとえ興味があっても</u>，きっかけ・勇気がなくてやらない若者が多いが
❸ 3文目	具体例：1回何かをすると，またやりたくなる人が多い	
	+	譲歩：海岸や森の清掃活動に参加するのでも，施設のお年寄りの相手をするのでも

✏️ **Write your answer.**

_____

_____

_____

_____

_____

解答例と解説

❶ I think college students should be obliged to do some volunteer work. ❷ It is because few of them actually have done any volunteer work even if many of them are interested in it, but if they **were made** to do some volunteer work, they **would realize** that it is not difficult or boring. ❸ In fact, whether it is cleaning up of the beach or the woods, or spending time with elderly people at a nursery home, people who have done it once are likely to do it again.

(88 words)

訳 ❶ 私は大学生は何らかのボランティア活動をすることを義務づけられるべきだと思います。 ❷ その理由は，たとえボランティアに興味は持っていても実際には何も経験したことがない学生が多く，しかしもしも何かさせられれば，そういう人たちもボランティアは難しくも退屈でもないと気づくはずだからです。 ❸ 実際，海岸や森の清掃活動に参加するのでも，老人ホームでお年寄りの相手をするのでも，1回経験した人はまたやることが多いのです。

解説

❷ **2文目:** 💡**ヒント** のところでも書いたように，**仮定法を使って書いた「もしもボランティアをさせられたら…と気づくだろう」のところがポイントです。**正しく書けたでしょうか。[Chapter 1] で学んだように（→ p.46），if節の中は動詞の過去形（if they **were made** to do ...，結論の部分は助動詞の過去形を使って書く（they **would realize** ...）ところがポイントです。

もっとも，この解答例の論旨は「義務づけられるべきだ」という賛成論であり，そういう立場をとるということは「もし義務づけられたら…」という仮定も**現実的な提案**として考えているのかもしれません。だとしたら仮定法を使わずに，この部分を if they **are made** to work, they **will realize** ... のように if節の中は現在形，結論は未来形という組み合わせで書くのもあながち間違いではありません。

このように，仮定法を使うか使わないかは微妙な問題であり，必ずしもどちらかで書くのだけが正解となるわけではないのですが，**どちらがふさわしいのか，方針を決定して書きましょう。**

❸ **3文目:** すでに述べたように**具体例**は自分の体験ではなく，世間の人が体験しそうなことを書くほうがよいので，「私は義務としてしょうがなくボランティアをした結果，それが好きになった」と書く代わりに，「**人は1回やると，またやりたくなることが多い**」のように書いたわけです。

問題 8

すべての大学生にボランティア活動を義務づけるべきであるという意見に賛成ですか，反対ですか。

 今度は「反対」の立場で書いてみましょう！

💡**ヒント** 問題6 のヘルメットの問題（→ p.62）でも説明したように，義務化についての賛否を問う問題で反対をするのなら，「ボランティアなんてよくない」と言うか，「強制するのはダメ」と言うか，基本的にはどちらかです。「ボランティアはよくない」というのは言いにくいでしょうから，「**強制するのはダメ**」という論旨で述べようとするのが普通の発想でしょう。

それではなぜ，強制はダメなのでしょう？　1つの書き方は「**ボランティアとは自分の意志でやるものであり，強制するのはそもそも矛盾である**」と書くことでしょう。ただ，これはほとんど哲学的な論旨であり，書くのはかなり難易度が高いといえます。もっと簡単なのは「**誰もがボランティアに従事できるとは限らない**」という書き方でしょう。今回はこちらで書いてみます。ただし，どこに**仮定法**を使うのか考えてみてください。

 構成案を検討しよう！

❶ 1文目	主張：ボランティアを学生全員に義務づけるのはやりすぎ	
	➕ 理由：誰もがボランティアをする余裕があるとは限らないから	
	➕ 譲歩：たとえボランティアを経験するのがよいことであっても	
❷ 2文目	具体例（1）：教育費を払うためにアルバイトをしなければいけない学生は，ボランティアを強制されたら経済的に困ってしまう	
❸ 3文目	具体例（2）：研究に忙しくてボランティアに時間を割けない学生もいる	

✏️ Write your answer.

_____

_____

_____

_____

_____

_____

_____

_____

解答例と解説

❶ I think it goes too far to oblige every student to do some volunteer work, because **not every student** can afford to do volunteer work, no matter how important experiencing it is. **❷ Some students** work part-time to help pay for their educational expenses, and they **would** have financial problems if they **were** forced to spend time on volunteer work. **❸ Other students** are too busy with their studies.

(67 words)

訳 ❶ すべての学生に何らかのボランティア活動をするように強制するのは，やりすぎだと思います。というのは，たとえそれを経験するのがどんなに重要なことであっても，すべての学生がボランティアをする余裕があるとは限らないからです。❷ 教育費を払う手助けをするためにアルバイトをしなければいけない学生もいて，もしボランティアに時間を割くことを強制されたら，そういう学生は経済的に困ってしまうでしょう。❸ さらには研究で忙しすぎる学生もいます。

解説

問題 8

❶1文目：部分否定をうまく使って「すべての学生がボランティアをする余裕があるとは限らない」という部分が書けたでしょうか。部分否定は〈not + every〉や〈not + all〉で書きますが，必ずこの**語順**を守ることが大事。したがって every や all が主語になる場合は，(×) Every student <u>cannot</u> ... ではなく，<u>Not</u> every student can ... の語順になります。部分否定は本問のように自由英作文で使う機会が多いです。文法を正確に学んでおいてください。

❷2文目と**❸3文目**：「金銭的に困窮する学生」と「研究に没頭する学生」という2種類の例を挙げました。こういうときに便利なのが，〈**Some ～ . Others... .**〉（ここでは other students のように other を形容詞として使っているので others となってはいませんが）という形です。読解問題などでよく目にすると思います。「～の人もいれば…の人もいる」のように，2つ例を挙げるときに便利なやり方です。機会があったらぜひ使ってみてください。

また，2文目の「もし強制されたら経済的に困ってしまうでしょう」の部分は，もちろん**仮定法**を使ってあります。しっかり使えたでしょうか？

「**教育費**」(→ p.176)，「**アルバイトをする**」(→ p.208) などの語彙や spend の語法 (→ p.175) については，[Chapter 4] を参考にしてください。

問題 **9**

> あなたにとって暮らしやすい街の，最も重要な条件とは何か。 （東京大）

💡**ヒント** ここまで賛成か反対かで答えるタイプの自由英作文を扱ってきました。このタイプの問題は比較的解答を書くのが簡単です。少なくとも1文目は「賛成です」または「反対です」から書き始めるしかないわけですし，そこに迷う余地はありません。ところが，もう1つの自由英作文のタイプは，本問のように**具体的な答えを要求するタイプ**です。このタイプの問題では，受験生は1文目から「何と答えようかな？」と迷うはずです。その意味では，こちらの問題のほうが厄介です。さらには，それを1文目でどう英語で表現するかも問題になります。

　本問で言えば，「**治安**：security」「**交通の便**：a well-developed transportation system」「**自然の豊かさ**：a lot of nature」「**文化，スポーツ施設の多さ**：a lot of cultural and sport facilities」「**よい地域社会の存在**：a good community」「**静けさ**：quietness」など，何を書いてももちろんよいのですが，**それをどのように1文目で提示するかがポイント**になります。本書では，せっかく[Chapter 1]で「強調の仕方」を学んだわけですから，このタイプの問題ではぜひそれを使ってみましょう。それでは，「**自然の豊かさ**」で書いてみましょう。

構成案を検討しよう！

❶ 1文目	主張：（下線部を強調）街が住むのに快適であるために必要なものは，<u>たくさんの自然（a lot of nature）</u>だ
	✚ 譲歩：たとえどんなに街が経済的に繁栄していても
	✚ 理由：くつろげる場所がなければ生活の質は悪化してしまうから
❷ 2文目	具体例：子どもには遊び場，大人には散歩をする場が必要

✎ Write your answer.

_____

_____

_____

_____

_____

🐱 **解答例と解説**

❶ I think **what a town needs most to be a good place to live is a lot of nature,** because no matter how much a city prospers economically, if there are no places to relax, the quality of life of people who live there declines.
❷ For example, children need places to play without caring about traffic, and adults, too, need places to take a walk and feel the changing of the seasons.

(72 words)

訳 ❶ 私が思うに街が住みやすくあるために一番必要なのは、たくさんの自然です。というのも、たとえどんなに街が経済的に繁栄していても、くつろげる場所がなければ、そこに住む人たちの生活の質は悪化してしまうからです。❷ 例えば、子どもは交通（＝車など）のことを気にせずに遊べる場が必要だし、大人も散歩をして季節の変化を感じられる場所が必要です。

解説

❶ 1文目：疑似分裂文（→ p.42）を使って、「**たくさんの自然**」という部分を強調して書きました。こうしなければいけないわけではありませんが、日本語でも「街が一番必要とするのは多くの自然」のような言い方をします。それを直訳すれば、ちょうどこのような英文になるはずです。もちろん**強調構文**を使って書くこともできます。その場合は、**It is** <u>a lot of nature</u> **that** a town needs most ... の形になります。

さらに**理由**をつけ加えました。簡単に言えば、「**住民の生活の質（→ p.177）を高めるには自然が必要**」ということです。

そして、こういうのんびりした生活の質を重視する立場の逆はおそらく、ゆとりはないけれども経済的に繁栄している都市ですよね。そうした部分を**譲歩**に使って、「**たとえどんなに経済的に繁栄していても**」のように書けそうです。また、「**もし、くつろげる場所がないと**」という条件を if を使って書きましたが、これは非現実的な仮定ではないので**仮定法は必要ありません**。

❷ 2文目：具体例です。1文目で「**万人にとってくつろげる場所が必要**」と述べた後で、「**子どもは遊び場**」「**大人は散歩をする場**」のように、短く2つ具体例を挙げるのも慣れてきたことでしょう。ただし、「**子どものんびり**」「**大人ものんびり**」というように、**繰り返しにならないように具体化**してください。繰り返しになってしまうのは、基本的にきちんと具体化されていないことが原因です。

69

問題 10

　環境を守るためにあなたがしていることを1つ挙げて，そうしている理由を説明しなさい。

💡ヒント　問題9 に続いて今回も，「賛成 or 反対」ではなく，具体的な答えを書かなくてはいけないタイプです。大人だったら，まず「車を運転する機会を減らす：try to drive less」などが思いつくところでしょうが，そもそも受験生が車を運転しないでしょうから，これは少し奇異な感じかもしれないですね。「**電力の無駄遣いをしないようにする**：try not to waste electricity」，「**ごみをきちんと分別するようにする**：try to separate the garbage properly → try to help recycle」，「**まだ使えるものは使い続ける**：keep using still-usable things」，「**フードロスをなくす**：eliminate food waste」などが妥当でしょう。

　ただ，この中には**理由を説明する**のが意外に難しいものもあります。例えば，なぜ電力の無駄遣いはいけないのでしょう？　もちろん，発電するには化石燃料を燃やす火力発電所や事故の危険性がある原子力発電所に頼らざるを得なくなってしまうからですが，そのあたりの理屈を英語できちんと説明するには相当な力が必要です。それに比べると，この中では「**使えるものは使い続ける**」あたりが，おそらく理由も具体例も書きやすいように思われます。今回はこれで書いてみましょう。

構成案を検討しよう！

❶ 1文目	**主張**：環境を守るためにしていることの1つは，まだ使えるもの（still-usable things）は使い続けること
	＋ **対置**：すぐに新しい物を買うのではなく
	＋ **理由**：物を作るには限りある資源を使わなければいけないから
❷ 2文目	**具体例**：洋服やスニーカーを作るには石油（petroleum）が使われているし，携帯電話やパソコンには貴重なレアメタルが使われている

✍ **Write your answer.**

_____

_____

_____

_____

解答例と解説

❶ **One thing I do to help protect the environment is to try to keep** using still-usable things **instead of** buying new things one after another, because to create new products, using natural resources is unavoidable.
❷ For example, to produce your sneakers or clothes, companies must use petroleum, and in your cellphone there are rare metals. (55 words)

訳 ❶ 環境を守る手助けをするために私がしている1つのことは，新しいものを次から次へと買わないで，まだ使えるものは使い続けるように心がけることです。というのも，新しい商品を作るためには，天然資源を使うことは避けられないからです。 ❷ 例えば，あなたのスニーカーや洋服を作るために会社は石油を使わなければならないし，あなたのケータイにはレアメタルが入っています。

解説

💡ヒントに書いたように意外に書きにくいテーマですが，うまく書きやすい話題を見つけられれば，解答例のようにそれほど難しくなく書くことができるでしょう。

❶**1文目**：疑似分裂文的な発想をして，「～しています」という代わりに「私のしていることは…です」のような書き方をすることで話題をうまく**強調**しているのがわかると思います。こうした書き方をしなければいけないわけではありませんが，「賛成 or 反対」ではなく具体的な答えを要求してくるような問題では，ぜひこのように**1文目の書き方を工夫する**ことをオススメします。

「対置」という名前で [**Chapter 1**] で紹介した **instead of** を覚えているでしょうか（→ p.22）。日本語でもこういうときに「新しいものを次々買わないで使えるものを使い続ける」のように表現しますよね。それが instead of の役割でした。受験生はだいたいこういうときに〈not A but B〉を使うのですが，instead of を使うほうがはるかに一般的です。

❷**2文目**：前問（問題9）と同様，具体例の繰り返しにならないよう書かなければなりません。「物を作るためには資源が必要」→「洋服やスニーカーを作るために石油が必要」のように，**具体化**されているのがわかると思います。きちんと具体化するためには，少し知識も語彙力も必要ですよね。

問題
10

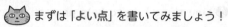 対面授業（face-to-face class）と比較して，オンライン授業（online class）のよい点や悪い点を述べなさい。

まずは「よい点」を書いてみましょう！

💡**ヒント** これも 問題 10 同様，具体的な答えを要求してくるような問題です。したがって **1文目の書き方に気をつけましょう**。オンライン授業のよい点はいろいろあると思いますが，誰でも思いつくのは，わざわざ学校まで足を運ばなくても，「**自宅で授業を受けられる**」ということではないでしょうか。「遠くの（場合によっては外国の）授業さえ受けることができるし，朝夕の満員電車で通学する必要もないわけですから楽」です。そのあたりを「**主張**」と「**具体例**」とにしっかり分けて，表現してみてください。

なお，「**長所／短所**」ということを表す英単語の組み合わせはたくさんあります。an advantage / a disadvantage でもよいし，a pro / a con でもよいし，an upside / a downside でもよいし，もっと単純に a good point / a bad point でもよいです。[**Chapter 4**] も参照し（→ p.171），好きなものを使って書いてみましょう。

 構成案を検討しよう！

❶ 1文目	主張：オンライン授業のよい点の1つは，自宅で授業を受けられる（attend class）こと
	＋ 対比：対面授業とは違って
	＋ 譲歩：たとえどこに住んでいても
❷ 2文目	具体例：満員電車に乗って通学する必要はなく，望めば遠くの町にある大学や外国の大学の授業も，アパートを借りなくても受けられる

✏ **Write your answer.**

_____

_____

_____

_____

_____

解答例と解説

❶ **One good point of an online class is that** unlike a face-to-face class you can attend it at home, **no matter where** you live. ❷ You don't have to commute to your school on packed trains, and if you want to, you can even attend class at a college in **a town far from your home or abroad without** renting an apartment near it.

(63 words)

訳 ❶ オンライン授業のよい点の１つは，対面授業とは違い，たとえどこに住んでいても家でそれに出席できるということです。 ❷ 混んでいる電車で学校まで通う必要もないし，望むなら家から遠く離れた町や外国の大学の授業に，その近くにアパートを借りることもなしに出席できます。

解説

❶ **１文目**： 問題10 の解答例と似た **One good point of an online class is that ...** という書き出しになっています。これでわかるように，いろいろな問題で応用可能な書き出しです。「**どこに住んでいても**」の部分についてですが，おそらく受験生のほとんどは anywhere「どこででも」という副詞を使って書こうとするはずです。それでも構わないのですが，せっかく**譲歩の接続詞**を [**Chapter 1**] で学んだので，この解答例のように〈**no matter where SV**〉の形で書いてみましょう。意味的に考えても，「どこでも」より「**たとえどこに住んでいても**」と書いたほうが，多少なりとも表現が正確な感じがしますよね。

❷ **2文目**：同じことが２文目の「**自宅から遠くの町**」の部分でも言えます。「遠くの町」でもよいのですが，きちんと書いたほうがもちろんベターです。問題はそれをうまく表現できるかどうかです。関係代名詞を使ってもよいのですが，もっと簡単に処理できます。形容詞は名詞の前に置くイメージがあると思いますが（a famous city のように），形容詞にもう少し修飾語句がついて名詞を修飾するときには名詞の後ろに置きます（a city <u>famous for its history</u> のように）。a town <u>far from your home</u> も同じ文法を使っているのがわかるはずです。

「**アパートを借りたりしないで**」は instead of ではなく **without** を使います。この使い分けを忘れた人は [**Chapter 1**] を復習しておきましょう（→ p.22）。

そして，そうした細かいことより大切なのは，「満員電車に乗らずにすむ」というのはいわば消極的な具体例であり，それに対し「外国の大学の授業にさえ出席できる」はいわば積極的な具体例です。この対照的な２つを and で結んで１つの文にしているところを参考にしてください。

問題 12

　　対面授業（face-to-face class）と比較して，オンライン授業（online class）のよい点や悪い点を述べなさい。

 問題 11 の続きを書くつもりで，「悪い点」を書いてみましょう！

💡ヒント 「悪い点」もいろいろありそうです。まずは，「**オンライン授業を受けるための環境を誰もが持っているわけではない**」ということ。そしてその環境には，**ネットへのアクセス**という技術的な問題もあれば，家族にじゃまされずに静かに授業を受けられるような個室といった**居住環境**の問題もあるでしょうから，**具体例を挙げて書くのにも**向いていそうですね。もう1つの問題は，「**人間関係を構築しにくい**」ということがあるでしょう。クラスメイトとも先生とも仲よくなれなさそうです。さらには「**集中しにくい**」というのもあるでしょう。目の前に先生がいるわけではなく，カメラに映らないようにケータイをイジっていても，たぶんバレないでしょうし…。

　どれを選んでも答案は十分に書けそうですが，ここでは，コロナ禍の頃にも青少年にとって一番深刻な問題とされた「**人間関係を構築しにくい**」という話題で書いてみましょう。1文目の書き方はもうできると思います。いきなり「友だちができない」と書くより，「**よい人間関係を築くことができない**」のように抽象的に書いたほうが，そのあと友人との人間関係，先生との人間関係のように**具体化がしやすい**でしょう。**うまく作戦を立ててから書き始めることが重要**です。

 ## 構成案を検討しよう！

❶ 1文目	主張：オンライン授業の悪い点は，人間関係を作る（build /establish / have a good relationship）のが難しいこと
	➕ 理由：現実に先生やクラスメイトとキャンパスで会わないから
❷ 2文目	具体例：クラスメイトとキャンパスの中の食堂でおしゃべりすることもないし，授業の前後に先生と会話し，インスピレーションやモチベーションをもらう（get inspired or motivated）こともない

✏ Write your answer.

_____

_____

_____

_____

_____

_____

解答例と解説

❶ One bad point of an online class is that it is difficult to have a good relationship with your classmates or lecturers, because you never meet them face to face on campus. ❷ You never chat with your classmates in a college cafeteria, and you never get inspired or motivated **by talking** with your lecturer before or after class.

(58 words)

訳 ❶ オンライン授業の悪い点の1つは，クラスメイトや講師陣とのよい人間関係が作りにくいことです。というのも，キャンパスで実際に彼らと会うことがないからです。 ❷ 大学の学食でクラスメイトとおしゃべりすることもないでしょうし，授業の前や後に講師と話して，ヒントや，やる気をもらうこともありません。

解説

❶ **1文目**：書き出しについては 問題11 のポイント（→ p.73）と同じなので，もう解説は不要でしょう。「**オンライン授業だと人間関係を作りにくい**」というのは当たり前のことなのですが，当たり前のことほど理由は書きにくいし，書かなくてもわかってしまう感じがして，みな書かないものです。ですが，人間関係を構築しにくい理由は，直接キャンパスで出会うこともなく，授業以外に一緒に食事したりおしゃべりしたりするようなことがないからです。「構成案」に書いたのでみなさんも理由を書いたと思いますが，本問以外でも，こういう当たり前な理由でもしっかり考え，表現する癖をつけてください。〈**face to face**〉という語彙の使い方に関しては，p.194を参照してください。

🔆ヒント のところにも書いたとおり，**抽象と具体の住み分けは非常に重要**です。1文目で「人間関係が作りにくい」と書き，2文目で「クラスメイトともおしゃべりしないし，講師からも…」のように書くのが抽象と具体の住み分けです。1文目から「クラスメイトと仲よくなれない」と書いてしまうと，もう2文目で書くことがなくなってしまいますよね。自由英作文のビギナーが「書くことが思いつかない！」と嘆くのはこういうところに起因しています。

❷ **2文目**：「講師と授業前や後に話をして…」は，手段の by ~ing で書いてあります。前述のように，「人間関係」→「クラスメイト，講師」のように**抽象と具体を住み分け**したわけですが，さらに「クラスメイトとはおしゃべり」，「講師からは inspiration や motivation」のように，**それぞれについて具体化**できるとよいですね。

問題 13

"You cannot judge a book by its cover." ということわざがあります。これを60語程度の英語で説明しなさい。

（東京女子大〈改〉）

ヒント 自由英作文と一口に言っても，いろいろタイプがあります。今まで演習をしてきたような，**自分の意見を英語で述べる問題**もあれば，本問のような**ことわざや名言を説明する問題**もあります。

　このことわざは，直訳すれば「**本は表紙では判断できない**」ということです。しかし，もちろんことわざというのは必ずちょっとした**比喩的な表現**を含んでいます。例えば，「猿も木から落ちる」ということわざがありますが，猿の習性について論じようとしているわけではありません。同様に本問も，本について論じたいわけではありません。「人も物も外見だけでは善し悪しが判断できない」と言いたいわけです。

　もちろんこうした問題では，あなたの意見は聞かれていません。単純に，**ことわざをその比喩を使わないで説明すればよいわけです**。**うまく抽象と具体に分けて説明**するのは今までと同じです。

構成案を検討しよう！

❶ 1文目	ことわざを説明：このことわざが意味しているのは，人も物も外見では判断がつかないということ
❷ 2文目 （具体例→人）	具体例（1）：本当に信頼できるかはわからないので，初対面の人には注意が必要
	✚ **譲歩**：たとえどんなに見かけがよくても
❸ 3文目 （具体例→物）	具体例（2）：おいしそうに見える料理でも，本当においしいかどうかはわからない
	✚ **条件**：食べてみないと

✎ Write your answer.

🐱 解答例と解説

解答例

❶ **What this proverb suggests is that** you cannot judge **anything** or **anyone** by their appearance. ❷ In fact, no matter how nice a person looks, they are not always trustworthy, so you must be careful when getting acquainted with a person you meet for the first time. ❸ **Similarly**, even if some food looks great, you cannot know whether it really tastes great or not, until you actually eat it.

(68 words)

訳 ❶ このことわざが意味しているのは，外見ではいかなる物も人も判断できないということです。 ❷ 実際，たとえある人物がどんなにすてきに見えても，必ずしも信頼に値するとは限らないし，だから初対面の人と知り合うときには注意が必要です。 ❸ 同様に，たとえある料理がすばらしく見えても，実際食べてみるまで，本当にすばらしい味がするかどうかはわかりません。

解説

❶ **1文目**：書き出しについて。「このことわざは…ということを意味する」とばかりに，This proverb means that SV のように書いても構いませんが，ここでは**疑似分裂文**を使って「このことわざが意味しているのは…だ」のように書きました。また，「意味する」は mean を使って表しても一向に構わないのですが，ここでは **suggest**「ほのめかす，それとなく言う」を使いました。

問題10 で「理由を考えなさい」と言いましたが，さすがにことわざに理由をつけるのは難しいですよね。どうしても思いつかなければこの **解答例** のように，**理由をつけずに1文目を書く**のもやむを得ません。

細かい話ですが「誰も判断できない」は You can<u>not</u> judge <u>any</u>one. であり，someone を使ってはダメ。**全部否定は〈not + any〉**で表します。もちろん，複数形にして You cannot judge people or things ...のように書くのは問題ありません。

❷ **2文目**と ❸ **3文目**：抽象と具体を分けて，具体例として人と物を挙げたわけです。それを結ぶ **similarly**「同様に」のような副詞が使えるとよいですね。そして，そのように2文目と3文目で人間と食べ物という2つの例を挙げることを見越して，1文目で「外見では人も物も判断できない」と書いたわけです。

このように，**うまく抽象と具体がかみあうと，論理的に見えます**。これが [Chapter 2] の「2～3文で書く」ことの趣旨です。これができれば，[Chapter 3] という次の段階に進めます！

[Chapter 3]

パラグラフ・ライティングの構成の仕方と過去問演習 17

この章のねらい

　[Chapter 1]では1つの文を論理的に組み立てることを学び，さらに[Chapter 2]では，2～3の文で1つのカタマリを作る練習をしてきました。本章ではいよいよその土台の上に，実際の大学入試問題の解答を作る力を養成します。

　[Chapter 2]では，すでに80語くらいになる解答例を作成してきましたので，ある意味[Chapter 2]までで自由英作文は卒業と言ってもよいのです。けれども，もう少し制限語数が多い自由英作文が出題される大学を受ける方は，いわゆる「パラグラフ・ライティング」，つまり1つのパラグラフを丸ごと作る方法を練習する必要があります。

　本章では3つの問題パターンの例題を挙げて，解答例がどのような見栄えになるかを紹介します。それを十分に理解したら，続く演習問題（いよいよ本格的な自由英作文です！）に挑戦してみましょう！

パラグラフの構成の仕方

賛成か反対かを答えた後に理由を2つ挙げる

　何かのテーマについて賛成か反対かを問い，その後に理由を2つ挙げなさいというような問題が，昔からの自由英作文問題の定番です。

［例 題］

> **Some people say keeping animals taken away from their natural habitats in zoos is too cruel and therefore zoos should be abolished altogether. Explain your idea about this problem citing two reasons why you agree or disagree.**

訳 自然の生息地から連れ去られた動物を動物園に置いておくのは残酷すぎるので，動物園は完全に廃止すべきだという人もいます。この問題について賛成または反対の理由を2つ挙げて，あなたの考えを説明しなさい。

　まずは日本語で答案全体の構成例を見てみましょう。

▌答案全体の構成例

> ❶ 私は動物園は廃止すべきではないと思います。❷ というのも動物園は動物にとってそれほど過酷な環境ではないからです。❸ 昔と違って狭い檻に閉じ込められるということもないし，動物園にいれば動物たちは天敵に襲われることもなく，専門家に適切な世話をしてもらえます。
>
> ❹ さらに動物園は特に子どもに自然について学ぶ貴重な機会を提供してくれます。テレビやネットで動物を見るのではなく，実際にキリンの大きさに驚いたり，ライオンが吠えるのを聞いたりするのも，子どもには大切な勉強です。

解 説

構成例の冒頭から見ていきましょう。

❶ 私は動物園は廃止すべきではないと思います。

　上に日本語で示した構成例のように，自分の**最終的な結論（主張）は最初**に書いてしまってください。書き方は，次のようにしてください。

▌結論（主張）の書き方

☐ **I [don't] think that SV.**	私は～と思います［思いません］。
☐ **I agree [with the opinion] that SV.**	私は～ということ［意見］に賛成します。
☐ **I think it is a good [bad] thing that SV.**	私は～はよいこと［悪いこと］だと思います。

　しばしば I agree with it. とか I think so. のように簡単に書いてしまう人がいますが，その書き出しで書くように指定がない限りは，何に賛成なのかをしっかり書くことをオススメします。例えばこの例題の場合，次のように書くということです。

☐ ① **I don't think zoos should be abolished.**

　　（私は動物園が廃止されるべきとは思いません）

　問題文の表現を使ってもよいですが，問題の趣旨が伝われば十分なので簡単に書きましょう。また，自分の言葉遣いに置き換えることができるなら，それでもよいです。例えば，次のように書くのもよいですね。

☐ ② **I think zoos are necessary in spite of all their downsides.**

　　（私はすべての欠点にもかかわらず，動物園は必要だと思います）

❷ というのも動物園は動物にとってそれほど過酷な環境ではないからです。

　自分の最終的な結論（主張）を書いたら，その次は自分がどうしてそう思うのか，その**理由**を書くのが普通です。今回の構成例のように短い理由の場合は，バラバラ感を出さないために **because** で主張の文とつないで，1つの文で書いてしまうことをオススメします。その結果，次のようになります。

☐ ③ **I don't think zoos should be abolished, <u>because</u> zoos are not really bad places for animals.**

　もちろん**主張と理由とを2つの文に分けて書く**こともできます。その場合は次のように書くのがオススメです。

☐ ④ **I don't think zoos should be abolished. <u>One reason is that</u> zoos are not really bad places for animals.**

　理由の部分を〔Chapter 1〕で練習したように接続詞を使って長く書いた場合は，④のように2文にするほうがよいかもしれませんが，この程度の文なら③のように because でつなげてしまったほうがよいです。**臨機応変に判断**しましょう。

自由英作文の初心者はだいたい次のように書く傾向があります。

□ ⑤ **I don't think zoos should be abolished. I have two reasons. First, zoos are not really bad places for animals.**

一部ではこの書き方が推奨されているようですが，ちょっとむだに思えます。そして**自由英作文は基本的に加点方式で採点される**ので，書いて点にならないことは書くだけむだだということになります。

また，first は確かに「第一に」という意味の副詞として使えますから⑤のような書き方は間違いではないですが，本書では④の **One reason is that SV.** のような，接続詞を使ってきちんと文を組み立てる書き方を推奨します（that も大切な接続詞です）。さらにこの書き方をオススメする理由として，出題のされ方によっては **One advantage is that SV.**「１つの長所は〜です」のように，この文型に慣れておけばいろいろ応用がきくということもあります（→ p.85）。

❸ 昔と違って狭い檻に…

すでに［Chapter 2］で学んだように，理由を書いた後はうまく**具体例**を使いながら説明するのがよいでしょう。ここでうまく説明できるかどうかで，説得力がある文章になるか否かが決まってきます。

具体例を挙げるときに使わなければいけない決まった表現はありません。あえて言えば **for example**「例えば」や **in fact**「実際」といった副詞句を文頭につけるくらいですが，何もつけなくてもまったく構いません。

❹ さらに動物園は特に子どもに自然について学ぶ貴重な機会を…

２つ目の理由を挙げることが特に要求されていないのなら❸までで終わりなのですが，前述のようにしばしば問題文の中で「理由を２つ挙げなさい」とはっきり指示されることがあります。その場合はもう１つ理由を挙げることになります。１つ目の理由を挙げるときに One reason is that SV. のような書き方をしたのに倣^{なら}って，ここでも **Another reason is that SV.** のように書いてもよいですし，一度きちんと書いたので，２つ目の理由はもう少し簡単に，単に **also** や **in addition** といった副詞（句）を文頭につけるだけでもよいです。または１つ目の理由を because を使って書いたなら，それに倣って **It is also because SV.** のように書いてもよいでしょう。

いずれにせよ，内容的に１つ目の理由（ここでは「動物園は動物にとってそんなに

ひどい場所ではない」）と２つ目の理由（ここでは「動物園は自然（動物）について我々が学ぶ貴重な機会」）のように，**１つ目の理由と２つ目の理由が明確に異なることが重要**です。２つの，しかもまったく相異なる理由を考えるのは難しいことも多いですが，いろいろな問題を解いているとだんだん慣れてきます。

そして，最後に結論を書こうという人がよくいます。「だから動物園はやっぱり必要です」のように。うまく書ければよいのですが，たいていは1文目に書いたことの繰り返しになってしまいます。前述のとおり自由英作文は基本的に加点方式ですから，繰り返しには点は与えられません。書くだけむだです。**制限語数は「埋めよう」と決して考えず，最大限活かすべきと肝に銘じてください。**

それでは，日本語で書いたp.80の答案全体の構成例（以下に再掲載）を英語で書いてみます。みなさんも和文英訳のつもりでよいので，ぜひ書いてみてください。

▌**答案全体の構成例**

❶私は動物園は廃止すべきではないと思います。❷というのも動物園は動物にとってそれほど過酷な環境ではないからです。❸昔と違って狭い檻に閉じ込められるということもないし，動物園にいれば動物たちは天敵に襲われることもなく，専門家に適切な世話をしてもらえます。

❹さらに動物園は特に子どもに自然について学ぶ貴重な機会を提供してくれます。テレビやネットで動物を見るのではなく，実際にキリンの大きさに驚いたり，ライオンが吠えるのを聞いたりするのも，子どもには大切な勉強です。

解答例

❶I don't think zoos should be abolished, ❷because they are not really cruel places for animals. ❸Unlike in the past, animals are not crammed into small cages now. Also, as long as they are in zoos, they don't have to be afraid of predators, and they are given appropriate care by specialists.

❹In addition, zoos provide a precious opportunity to learn about wild animals especially for children; instead of watching animals on TV or on the internet, children should learn from watching animals firsthand and getting surprised at how big giraffes are and how scary lions' roar is. (98 words)

　　今度は具体的な答えを書くことを要求してくる問題です。簡単なもので言えば，「あなたの尊敬する人物は誰ですか」のような問題です。**パターン1**　で扱った問題とは異なり，１文目を「私は〜に賛成です［反対です］」のような決まり切ったパターンでは書けないので，１文目から何をどう書こうか悩ましいわけです。ですが，難関大学ほどこうした問題のほうをより好んで出題してきます。

［例 題］

> 環境を守るためにあなたが日々心がけていることを１つ挙げ，英語で説明しなさい。

▌答案全体の構成例

> ❶ 私が環境を守るためにしていることの１つは，新品を次から次に買う代わりに，使えるものはまだ使うようにすることです。❷ というのも物を作ったり捨てたりすると，必ず環境に負荷がかかるからです。❸ 例えば，化繊のＴシャツやスニーカーは石油からできていて，それを捨てるとマイクロプラスチックに分解されます。ケータイもさまざまなレアメタルやレアアースを含んでいて，それらは再生不可能な天然資源です。

解 説

❶ 私が環境を守るためにしていることの１つは…

　　前述のように，**パターン2**　の最大の特徴は**１文目で自分の具体的な答えを述べなければいけない**ところです。「**何を書くか**」にも頭を悩ませると思いますが，同時にそれを「**どう書くか**」にも考えを向けるようにしてください。

　　すでに［Chapter 1］で述べたことですが，改めて次の２つの日本語を比べて，どちらがよいか考えてください。

❶ 環境を守るために私は使えるものは<u>使うようにしています</u>。
❷ 環境を守るために私がしていることの１つは，使えるものは<u>使うようにすることです</u>。

　　❶より❷のほうが言いたいことが伝わる感じがすると思います。それは［Chapter 1］で説明したように（→ p.43），基本的に文というのは述語部分（❶❷の下線箇所）を強調するものだからです。今ここで問われているのは「何をしているか」ですから，

「使う」ではなく「使うようにしていること」と答えるべきです。それぞれ英語にして
みます。

❶ **I always try to keep using still usable things to protect the environment.**

❷ <u>**One thing I do for the environment**</u> **is to keep using still usable things.**

受験生の多くは❶のように書くはずです。けれども，❷のほうがずっとよさそう
なのは日本語で比較したとおりです。問題はこの文が書けるかどうかです。

〔Chapter 1〕で疑似分裂文（→ p.42）を勉強しました。次のような文でしたね。

☐ <u>**All [What / The only thing / The first thing] you have to do**</u> **is（to）
study.**

（あなたがすべきすべて［（あなたがすべき）こと，唯一のこと，最初のこと］は勉強すること
だ→勉強をともかくやりなさい）

上の❷は，同じ疑似分裂文的な発想で書いてあるのがわかると思います。

また パターン1 の解説で，理由の書き方として次のような形を紹介しました。

☐ <u>**One reason is that SV.**</u>（1つの理由は〜です）

この文型は非常に応用範囲が広いです。例えば AI のよいところと悪いところを
書くような問題でも，次のように書くことができます。このことについては次の
パターン3 で詳しく説明します（→ p.88）。

☐ <u>**One good point of AI is that SV.**</u>（AI のよい点の1つは〜です）

疑似分裂文も含めて，こうした文型の共通点は，**be 動詞の後に今強調したい
（話題にしたい）ものを持ってきている**ことです。別に難しいことではないのです
が，こうした文型を使いこなせる受験生は少ないように感じます。 パターン2 のよ
うな問題では，ぜひこの文型を使いこなして，**1文目でうまく自分の答えを提示し
て**ください。「賛成です」とか「反対です」と書く以外にはあまり工夫の余地がない
パターン1 のようなタイプの問題に比べると，具体的な答えを書くことを要求してく
る パターン2 のような問題は，1文目から書き方によって印象が変わってくる（した
がって点差もつく）ものと考えてください。

　１文目でうまく自分の答えを提示した後，理由を書いたり，さらには具体例を挙げたりするという手順やその表現方法は **パターン1** とまったく同じです。

　理由は **because** を使ってそのまま１文目に書き続けてもよいし，**One reason I do so is that SV.** のようにして，分けて書いてもよいでしょう。

　具体例を添えて自分の考えをサポートするのも，**パターン1** の問題とまったく同じです。

　ただし，**いきなり具体例を書くのはダメ**です。まず最初に「**環境に負荷がかかる**」と**理由を述べた後**に，「**例えば，化繊は石油からできていて…**」のように具体例に移るのが大切な手順です。

　パターン1 の解説でも書きましたが，I have two reasons.「私には２つ理由があります」とか，Therefore, I try to keep using still usable things.「したがって，私は使えるものは使い続けています」のような，**繰り返しにしかならないような結論は書かなくてよい**ですから，**中身をきちんと充実させる**ことに精力を注いで，続きを書いてください。

　本問は少し単語が難しいかもしれませんので以下にヒントを書きます。ヒントやp.84の日本語の「答案全体の構成例」（次ページに再掲載）を参考に，ぜひ実際に自分で手を動かして解答を書いてみてください。

💡 ヒント

☐ 環境を守る	protect the environment または単に for the environment
☐ まだ使える	still usable
☐ 環境に負荷をかける	put a burden on the environment
☐ 化繊	synthetic fiber
☐ 石油	petroleum
☐ 〜を捨てる	throw 〜 away
☐ 分解する（させる）	decompose
☐ 再生不可能な	non-renewable

▌答案全体の構成例

❶私が環境を守るためにしていることの1つは，新品を次から次に買う代わりに，使えるものはまだ使うようにすることです。❷というのも物を作ったり捨てたりすると，必ず環境に負荷がかかるからです。❸例えば，化繊のTシャツやスニーカーは石油からできていて，それを捨てるとマイクロプラスチックに分解されます。ケータイもさまざまなレアメタルやレアアースを含んでいて，それらは再生不可能な天然資源です。

解答例

❶ One thing that I do to help protect the environment is to keep using still usable things, instead of buying new things one after another, ❷ because we put a burden on the environment whenever we make a new product or throw away an old one. ❸ For example, synthetic fiber T-shirts and sneakers are made from petroleum and after being thrown away they decompose into microplastics. Your cellphone contains various rare metals and rare earths, which are non-renewable natural resources. (79 words)

何かに関する長所と短所の両方，またはどちらかを書かせるようなタイプの自由英作文です。

［例 題］

最近は現金やクレジットカード以外にも，携帯電話などに内蔵された IC チップを使ってコンビニや自販機や電車の改札などで現金を使わなくても決済ができる電子マネー（e-money）が普及してきています。電子マネーの長所と短所を，それぞれ１つずつ英語で説明しなさい。

答案全体の構成例

❶電子マネーには長所も短所もあります。

❷まず一番大きな長所は，消費者にとっても店のスタッフにとっても手間が省けて便利なことです。バスに乗ったり飲み物を自販機で買ったりするのに小銭があるか確かめる必要がないし，店員もお釣りを返したりする必要がありません。

❸逆に短所もあります。一番はいわゆる大衆監視につながる可能性があることです。あなたの購入履歴がすべて記録されているのは，たとえそのデータが悪用されなくても気持ち悪いです。

❶ 電子マネーには長所も短所もあります。

解説

こうした問題では特にあなたの立場（つまり本問で言えば，電子マネーを総じてよいものだと考えるか悪いものと考えるか）をはっきりさせる必要はありません（もちろんさせてもよいですが）。

そしていきなり「電子マネーの長所は…」のように書いてもよいですが，１文目にはとりあえず「これから長所と短所の両方を紹介しますよ！」という意味を込めて，この構成例のように「電子マネーには長所も短所もあります」と書いてから，長所・短所それぞれの説明に移るのがよいのではないでしょうか。ひとまず「長所」と「短所」を表す英単語は覚えておいてください。

長所：☐ **an upside / a good point / a pro / an advantage / a merit**
短所：☐ **a downside / a bad point / a con / a disadvantage / a demerit**

本問では「長所」・「短所」を複数形で使い，次のように言うのがよいでしょう。

☐ **There are both upsides and downsides to e-money.**

または次のように書くのでもよいです。

☐ **E-money has both its upsides and downsides.**

❷ まず一番大きな長所は，…

そして2文目から長所，短所をそれぞれ述べます。もちろん，どちらから述べても構いませんが，先に誰でも思いつく当たり前なほう（本問で言えば，電子マネーはもちろん便利だからこそ普及してきているのでそちらから書く）から書き出して，けれども意外に欠点もあるわけであり，それを後にしたほうが，なんとなく全体の構成としては普通な感じはします。

長所から書くとして，次のような書き方をします。

▌**長所の書き方**

☐ **One upside is that SV.**	1つの長所は～です。
☐ **One of the upsides is that SV.**	長所のうちの1つは～です。
☐ **The biggest upside is that SV.**	一番大きな長所は～です。
☐ **An obvious upside is that SV.**	明らかな長所は～です。

主語の立て方は大同小異ですが，全体の構文としては パターン2 でも紹介した文型が使われているのがわかるはずです。ぜひこうした文型で書いてください。

そしてもちろんこの後に短所を述べ，さらには具体例で補強します。

❸ 逆に短所もあります。…

以下のような書き方が考えられます。

☐ **However, there are also downsides. One is that SV.**
（しかし同時に短所もあります。そのうちの1つは～です）

答案としては短所を1つしか挙げないかもしれませんが，もちろん本当はたくさん短所も（そして長所も）あるわけです。このように，最初に downsides があるということを複数形で述べた後で「その1つは～」のように述べると，それがうまい具合に

表現できます。いずれにせよ，ここでも使うのは先程と同じ構文です。ぜひこの形で書くことに慣れましょう。

　または欠点を挙げるときには，以下のような決まり文句を使うのもよいでしょう。

▌短所の書き方

☐ **But the problem is that SV**	しかし問題は…
☐ **But the concern is that SV**	しかし心配なのは…

　そしてこの後，うまく**具体例**も交えて短所を説明することになります。こうした問題に関しても パターン1 や パターン2 と同様に，**最後に「結論」めいたものをつける必要はありません**。

　ところで，ここではあくまでも答案全体の構成を学ぶことが主目的なので，**長所・短所それぞれ何を書けばよいかまではあまり触れません**が，何か思いついたでしょうか。

　電子マネーにはもちろん長所も短所もたくさんあるはずで，そのうちのどれを書こうが解答者の自由ですが，できるかぎり「**ど真ん中ストライク**」な長所や短所を書くことをオススメします。奇をてらって説明しにくい長所や短所を書くよりも，誰もが思いつく当たり前のことを書いたほうが書きやすいし説得力のある解答になりやすいものです。

　電子マネーの長所は？　もちろん「**便利**」と書く以外ありません。問題はそれをいかに説明するかです。そこで英語としての説得力にも違いが生じるでしょうし，入試の答案としても点差がつきます。電子マネーは一般の消費者にとっても便利でしょうし，店員さんにとっても便利かもしれません。このように「両者にとって便利」のような書き方をすると，後で具体例を挙げるのも楽になるはずです。

　問題は短所ですよね。電子マネーだとお金を使っている気がしないので，ついつい**むだ遣いをしてしまう**といったことでもよいでしょう。ただ，いきなりハッキングにあってお金を全部取られてしまう，といったような恐ろしいけれども少し確率的に低そうなことを書くよりは，構成案で示したような「**大衆監視（mass surveillance）**」について書くほうが説得力があり，書きやすいでしょう。

　日本では少し関心が薄いようにも思えますが，この情報化時代の一番の危険性はまさに「大衆監視」であり，そのキーワードを答案に使っただけで読み手（つまり採点官）にとってはこれから解答者が述べようとしていることの察しがつくので，難しい

ようでいて実はむしろ楽に答案が書けます。

　こうした現代社会のキーワード的なものは［**Chapter 4**］に語彙集として掲載してありますので，少しずつ覚えていってください。

　では，p.88の答案全体の構成例（以下に再掲載）に沿って，実際に解答例を書いてみましょう！

▌答案全体の構成例

> ❶電子マネーには長所も短所もあります。
>
> ❷まず一番大きな長所は，消費者にとっても店のスタッフにとっても手間が省けて便利なことです。バスに乗ったり飲み物を自販機で買ったりするのに小銭があるか確かめる必要がないし，店員もお釣りを返したりする必要がありません。
>
> ❸逆に短所もあります。一番はいわゆる大衆監視につながる可能性があることです。あなたの購入履歴がすべて記録されているのは，たとえそのデータが悪用されなくても気持ち悪いです。

解 答 例

> ❶ There are both upsides and downsides to using e-money.
>
> ❷ One obvious upside is that it is useful both for consumers and shop staff, because it saves them a lot of trouble. Consumers don't have to check if they have change before getting on a bus or buying something cheap like a bottle of water at a convenience store, and shop staff don't have to take cash and give change back to you.
>
> ❸ However, there are also downsides. The most serious one is that it can lead to so-called mass surveillance. Your purchase history is all recorded, and even if it is not abused immediately, it is a bit unsettling. (109 words)

　以上で自由英作文問題の代表的な3つのパターンへの対応方法がだいたい飲み込めたはずです。それではいよいよ次のページから，自分ですべて考えながら問題演習を繰り返してみましょう。

以下の問題について100語程度の英語で答えなさい。

Television, radio and magazines encourage us to eat junk food and drink high-sugar drinks, both of which are very bad for us. Should advertising for junk food and sugary drinks be prohibited? Be specific and explain your thinking.

✎ Write your answer.

❶ 広告しないこと（禁止）に賛成するとしたら？　　　　▶解答例（1）→ p.94

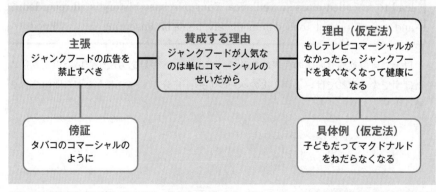

主張
ジャンクフードの広告を
禁止すべき

賛成する理由
ジャンクフードが人気な
のは単にコマーシャルの
せいだから

理由（仮定法）
もしテレビコマーシャルが
なかったら，ジャンクフー
ドを食べなくなって健康に
なる

傍証
タバコのコマーシャルの
ように

具体例（仮定法）
子どもだってマクドナルド
をねだらなくなる

※ここでは答案作成に使えるアイディアを示しています。これらすべてを答案作成に盛り込む必要はあ
りません。自分で構成を考えてみましょう。

❷ 広告しないこと（禁止）に反対するとしたら？

▶解答例（2）→ p.95

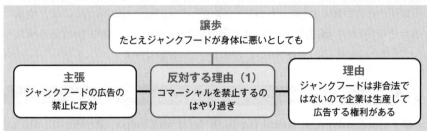

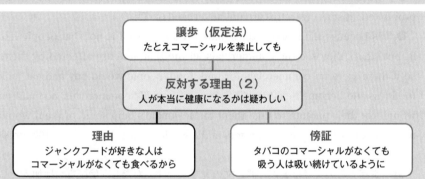

戦略を考えよう！

- 「賛成」か「反対」かを問う，書きやすい問題。

- 特に「賛成」または「反対」する理由を2つ書けと言われない限りは，「**禁止（広告しないこと）に賛成**」の立場をとったほうが簡単そう。「**ジャンクフードは身体に悪いから広告禁止！**」という論調はいささか単純ではあるけれども，論理としてわかりやすい。

- ただし禁止論は「健康になれる」以外には理由はないので，もしも設問で「理由を2つ挙げよ」と指定されたら，キビシイ。

- 「**理由を2つ挙げよ**」と指定されたら，「**禁止に反対**」で書くことになる。

- こうした強引な「**禁止**」や「**義務化**」に反対するときの常套手段は「**やりすぎ**」「**〜に干渉するな**」「**〜を侵害するな**」と主張することであり，そのキーワードを知っていれば楽になる。

- 各所で**仮定法**を使いそうな問題であり，その点でも注意が必要。

Words & Phrases 空所を埋めて答案に使ってみよう。なお，同じ問題に空所が複数ある場合，同じ語が入る。

▶解答→ p.95

- □① やりすぎる → go too（　　　　）　　□② ねだる →（　　　　）for ＋名詞
- □③ 許す →（　　　　）＋人＋ to do /（　　　　）~ing /（　　　　）＋名詞
- □④ 禁止する →（　　　　）＋人＋ from ~ing /（　　　　）~ing /（　　　　）＋名詞

本問では特に賛成または反対の「理由を2つ書け」という指示がないので，簡単に書けそうな「禁止（広告しないこと）に賛成」論（解答例(1)，理由1つ）と，練習として「禁止に反対」論（解答例(2)，理由2つ）を書いてみます。

❶ 解答例(1) 広告しないこと（禁止）に賛成（賛成理由1つ）

❶ I think advertisements for junk food and sugary drinks should be prohibited, just as cigarettes are not advertised on TV.

❷ It is because the reason (that) junk food sells well is not that people like it, but (that) they see the commercials all the time and are affected by them, so if there were no commercials for junk food, people would buy and eat junk food less and become healthier. ❸ In fact, without TV commercials, no children would ask their parents to take them to McDonald's, and some of them would not even know there are hamburgers in the world.

(100 words)

❶ **1文目**：この文はほとんど問題文の丸写しです。ただし，**傍証**をつけ加えました。「**タバコ同様に**」のように書けば，読む人に「確かにタバコのコマーシャルもそうだな」と思わせることができますよね。

❷ **2文目**：理由は複雑になりそうだったので，It is because ... の形にして，1文目と分離して書きました。「**みんながジャンクフードを食べるのは好きだからではなく，単にコマーシャルをしょっちゅう目にして影響されているだけ**」という部分の書き方は難しいですが，例えばこの解答例のように，**the reason is not that ... but that ...** のように書けば，理由を強調できますよね。
「**だから，もしコマーシャルがなかったらジャンクフードを買おうなんて誰も思わない**」の部分は当然，**仮定法**を使うことになります。if 節の中は動詞の過去形（were），結論の部分は助動詞の過去形（would）が使われています。

❸ **3文目**：続く**具体例**でも without TV commercials「**テレビコマーシャルなしでは**」が if 節と同じ働きをしているので，結論部分には**仮定法の結論の形**である**助動詞の過去形**が使われています。

次に**反対理由2つ**で書いてみましょう。こちらのほうが語数をあまり気にせず書けるはずです。むしろ長くなってしまいそうなので p.93の図で示したすべての要素を入れず，ちょうど足りる程度の語数を目指していきます。

② 解答例(2) 広告しないこと（禁止）に反対（反対理由2つ）

❶ I think advertisements for junk food and sugary drinks should be allowed.

❷ One reason is that even if they are not really healthy, it would go too far to prohibit their advertising altogether, because they are not illegal products, so the manufacturers have the right to produce and advertise them.

❸ Also, it is highly doubtful whether people would really become healthy by eating junk food less even if advertisements for junk food were prohibited. **❹** People who like junk food would continue to eat it even if the advertisements were prohibited, just as smokers continue to smoke even without advertisements for cigarettes.

(101 words)

❶ 1文目：「禁止されるべきではない」と素直に書いてもよいのですが，二重否定的で誤解を招きかねないので「許されるべき」と書きました。どちらでもよいところですが，問題文をそのまま写すだけでなく柔軟に考えてください。

❷ 2文目：「ジャンクフードは確かに身体によくないかもしれないけれど」という反対論者の言い分を譲歩で表した後，「だからといって全面禁止はやりすぎ」という1つ目の反対理由を書きました。仮定法 (it would go ...) を使ったのは「もし本当にやったとしたらやりすぎ」というニュアンスを出すためですが，it goes ... のように現在形で書いてもそれほど悪いわけではありません。

❸ 3文目：「たとえ広告が禁じられても，ジャンクフードを食べなくなることで本当に健康になるかは疑わしい」という2つ目の反対理由。譲歩や手段や仮定法などいろいろな文法要素が山盛りです。こういう文をきっちり書けると自由英作文もイヤではなくなるはずです。

❹ 4文目：ここでもタバコと比べています。似たものと比べるのはいつでも有効な手段です。

Words & Phrases **解答** (問題 p.93)
① far　② ask　③ allow　④ prohibit

タイプ	賛成か反対かを答える
テーマ	大学生への留学の義務化
出題校	早稲田大（政治経済）

以下の問題について100語程度の英語で答えなさい。

Every university student in Japan should be required to study abroad for at least one semester.

Do you agree or disagree? Give two reasons to support your idea.

Write your answer.

❶ 留学の義務化に賛成するとしたら？

▶解答例（1）→ p.98

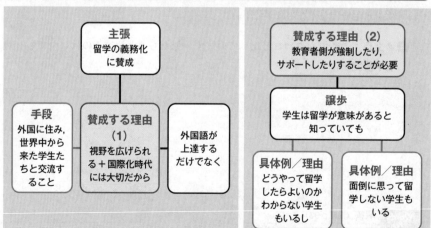

主張
留学の義務化に賛成

賛成する理由（2）
教育者側が強制したり，サポートしたりすることが必要

手段
外国に住み，世界中から来た学生たちと交流すること

賛成する理由（1）
視野を広げられる＋国際化時代には大切だから

外国語が上達するだけでなく

譲歩
学生は留学が意味があると知っていても

具体例／理由
どうやって留学したらよいのかわからない学生もいるし

具体例／理由
面倒に思って留学しない学生もいる

❷ 留学の義務化に反対するとしたら？　　　　　　▶解答例（2）→ p.99

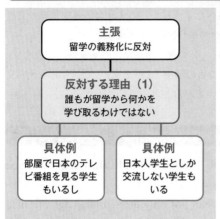

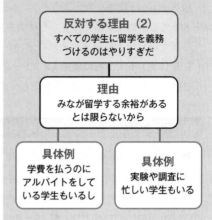

 戦略を考えよう！

- 前回と同じく，賛成か反対かを尋ねるタイプの問題。なおかつ「**理由を2つ挙げよ**」と指定がある点に注意。

- 前回も書いたとおり，このような「強制」（ここでは大学生への留学の義務化）を伴う話は，留学することの是非以外に**留学を強制することの是非**（「やりすぎ・権利の侵害」なのか「強制しないとダメ」なのか）**を書くのがポイント**になる。

Words & Phrases　空所を埋めて答案作成に使ってみよう。なお，空所の冒頭にアルファベットが示されている場合は，その文字から始まる単語が入る。　　▶解答→ p.99

- [ ] ① 交流する → (　　　　　　　) with + 人
- [ ] ② 視野を広げる → (　　　　　　　) one's view [perspective / mind]
- [ ] ③ 強制する → (　　　　　) + 人 + to do
- [ ] ④ 国際化時代 → the age of (　　　　　　　)
- [ ] ⑤ ある程度の［大きな］意味がある → has some [a lot of] (　　　　　)
- [ ] ⑥ (制度などにより) 必須の, 義務の → (　　　　　　) / (　　　　　　)
- [ ] ⑦ 面倒なこと → a (h　　　　　) / (t　　　　　)

　前ページの「戦略を考えよう！」でも述べたように，このような問題は賛成の立場をとっても反対の立場をとっても理由を２つ挙げやすいものです。

　本問では賛成と反対それぞれの立場から，２つ理由を挙げて答案を作ってみます。「主張（１文）＋１つ目の理由（２文）＋２つ目の理由（１〜２文）」で，合計４〜５文で100語を少し超えるくらいを目指して書いてみるとよいでしょう。

❶ 解答例(1) 留学の義務化に賛成（賛成論で理由２つ）

　❶ I think college students should be obliged to study abroad for at least several months.

　❷ It is because by living abroad you can not only learn a language but also broaden your perspective. ❸ Just interacting with students from other cultures has some meaning, especially in this age of globalization.

　❹ Also, it is necessary for educators to make it mandatory and give support and guidance to their students who want to study abroad, because, although many students know they can benefit from studying abroad, some don't know what to do to study abroad and others hesitate to do so because they regard it just as a hassle.

(106 words)

❶ **１文目**：問題文では for at least one semester「少なくとも１学期間」となっていました。そのまま丸写しでもよいのですが，**for at least several months** に変えました。それほど深い意味はありません。問題文を必ずしも丸写しする必要はないという例です。

❷ **２文目**と❸**３文目**：「留学すると視野が広がる」というのは，いかにも美辞麗句で，どこかで覚えてきた表現をそのまま使っただけという印象を与えかねません。そこで３文目のように「異文化の学生と交流するだけでも意味がある」と，もう１行，説明を入れるのは大切な手続きです。

❹ **４文目**：「教育者としては義務化して留学する学生をサポートすべき」と２つ目の理由を書いた後に，すかさずその理由を書いてあります。そしてその中に **some ～ others ...**「～の人もいれば…の人もいる」という有名な構文を使っています。具体例を２つ挙げるときには便利な構文です。

それでは次に反対論を。やはり理由を2つ挙げて書いていきます。

❷ 解答例(2) 留学の義務化に反対（反対論で理由2つ）

❶ I don't think studying abroad should be made compulsory.

❷ One reason is that not every student benefits from studying abroad.
❸ Some students will stay in their room all the time watching Japanese TV programs on the internet, and others will interact only with other Japanese students.

❹ Also, it would go too far to make it compulsory, because not every student can afford to study abroad. **❺** In fact, these days most students work part-time to pay for their educational expenses, and it would be a burden on them to have to study abroad even for a few months.

(97 words)

❶1文目：これも問題文の表現を少し変えて書きました。

❷2文目：**部分否定**は自由英作文ではかなり使用頻度が高いです。書き方を勉強しておきましょう。すでに学習しましたが〈**not + every**〉という語順になることが必要です（→ p.67）。したがって，ここでも（×）every student doesn't benefit ... ではなく，<u>not</u> every student benefits ... という語順になっています。

❸3文目：some ～ others ... を使って「留学が万人にとって役立つわけではない」という具体例を2つ書きました。

❹4文目：すでに述べたように「**全員に強制するのはやりすぎである**」と書くのは，こうしたテーマで反対意見を書くときの定番です。知っておくと書くのが楽になります。さらにここでも**部分否定**を使い，「**みなが留学するだけの余裕があるわけではない**」という**理由**を書き添えました。このような文をしっかり組み立てられると，それだけで合格点が期待できる答案になります。

解答（問題 p.97）
① interact　② broaden　③ force［oblige / compel / require］
④ globalization　⑤ meaning　⑥ mandatory, compulsory
⑦ hassle, trouble

あなたにとって暮らしやすい街の, 最も重要な条件とは何か。理由を添えて, 60～80語の英語で述べなさい。

 Write your answer.

---

❶「治安のよさ」と書くとしたら？

▶解答例 (1) → p.102

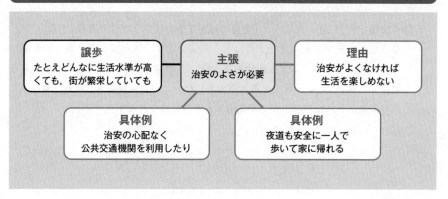

譲歩	主張	理由
たとえどんなに生活水準が高くても, 街が繁栄していても	治安のよさが必要	治安がよくなければ生活を楽しめない

具体例	具体例
治安の心配なく公共交通機関を利用したり	夜道も安全に一人で歩いて家に帰れる

❷「自然の多さ」と書くとしたら？　　　　▶解答例 (2) → p.103

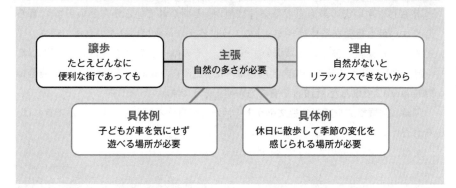

 戦略を考えよう！

- 東京大学の問題だがまったく難しくはなく，むしろ書きやすい。

- ただし**具体的な答えを要求する問題**なので，**１文目をしっかり書くことが大切**。しっかり**自分の答えを提示**し，それに**理由や目的**を書き添えたい。

- その後に**具体例**を短く挙げれば，おそらく２文かせいぜい３文で制限語数の 60 〜 80 語を書けてしまいそうだという見込みが立つはずだ。

- ここに挙げた以外にも，「**文化・スポーツ施設**（facility）」，「**交通の便**（a well-developed transportation system）」，「**地域社会**（community）**の存在**」，「**経済的に繁栄している**（prosper）」など，いろいろな答え（主張）が考えられそう。その中で**具体例も含めて書きやすそうなもの**を選べばよい。

Words & Phrases 空所を埋めて答案作成に使ってみよう。　　　　▶解答→ p.103

☐ ① 治安 →（　　　　　　　　　　）

☐ ② 公共機関を利用する →（　　　　　　　　　　） public transportation

☐ ③ たくさんの自然［緑］→ a lot of（　　　　　　　　）

☐ ④ 季節の変化 → the（　　　　　　　　） of the seasons

☐ ⑤ 生活の質が下がる → the quality of life（　　　　　　　　　）

「暮らしやすい街の最も重要な条件は何か」と聞かれているからといって,「暮らしやすい最も重要な条件は～です」のように答えなければいけないわけではありません。少し柔軟に書くことは構いませんし,そのほうがよいくらいです。例えば,**「街が住みやすくあるために必要なのは～だ」**と書くのもよいでしょう。この場合は[Chapter 1]で学んだ**「目的」**の書き方が使えそうです。

同時に**強調構文**や**疑似分裂文**をうまく活かして自分の答えを上手に提示できれば,それだけでよい答案になりそうです。

では,まず「治安のよさ」で書いてみます。

---

① 解答例(1) 暮らしやすい街の最も重要な条件は「治安のよさ」

❶ The most important thing for a city to be a comfortable place to live in is good security, because no matter how much it is prospering economically, without good security you cannot enjoy your life. **❷** In fact, everyone should be able to take public transportation without any worries, and going out for dinner will be more enjoyable if you are able to walk home alone safely.　(66 words)

❶1文目:疑似分裂文的に強調したいことがbe動詞の後にくる形で書きました。**目的**は〈for ～ to do〉の形を使っています。もちろん,これが唯一の書き方ではありません。例えば,関係代名詞whatと目的を表すso thatを使って,次のように書くこともできるでしょう。

☐ **What is necessary so that your city can be a good place** is good security.

what節が長くなってちょっと読みにくいと思うなら,**強調構文**を使うのもよい案です。

☐ **It is good security that is more necessary than anything else so that a city can be a comfortable place to live in.**

❷2文目:2文目には**具体例**を書きました。たった2文の答案ですが,これで制限語数はクリアしています。逆に言えば,このくらいの語数なら,このような形で簡潔明瞭に自分の考えを述べれば十分です。

❷ 解答例(2) 暮らしやすい街の最も重要な条件は「自然の多さ」

❶ A city must have a lot of nature to be a comfortable place to live in, because people always need places to relax and, without such places, no matter how convenient your city is, you can never enjoy your life fully. **❷** For example, small children need places to play without worrying about traffic. **❸** Even adults need places where they can take a walk and feel the changing of the seasons.(70 words)

過去問演習・問題3

❶1文目：ここでは1文目を疑似分裂文や強調構文を使わずに普通に書いてみました。これで問題ありませんが，もし疑似分裂文を使って書くのなら，例えば次のようになったでしょう。

☐ **What is really necessary for a city is that there be a lot of nature there.**

　実はこの文を書くためには少し難しい文法が必要です。すなわち necessary や important のように，「必要，大切」といった形容詞の後に that 節が続く場合は，**that 節の中で動詞の原形を使う**というルールがあるので（例えば，It is necessary that you <u>be</u> kind.），それは疑似分裂文になっても同じということです。このようにちょっと面倒なこともあるので，ここではシンプルに書きました。

❷2文目と❸3文目：具体例を挙げました。子どもと大人では，少し自然への接し方も違います。けれども，どちらも自然を必要としています。そうした対照的な両者を短く説明すると，「説得力が出てくるなあ」と感じられるはずです。ただし「自然があるとリラックスできる。子どもはリラックスする。大人もリラックスする」のように書いてしまうと，同じことの繰り返しになってしまいます。そうではなく「**自然があるとリラックスできる。子どもは遊べるし，大人は散歩したり季節の変化を感じられる**」のように書くことで，同じことでも繰り返しにはなりませんよね。うまく具体化するというのはそういうことです。なかなか難しいですが，**繰り返しにならないように具体化する**ことを心がけてください。

解答（問題 p.101）
① security　② take　③ nature［greenery］
④ changing［change］　⑤ declines

タイプ	具体的に答える
テーマ	AI で置き換えられない仕事
出題校	大阪大

　科学技術の発展によって AI（人工知能）が人の代わりをすることが増えてきました。そうした中にあってどうしても AI が取って代わることができない，また代ってほしくないとあなたが考える仕事とはどのようなものでしょうか。80語程度の英語で答えなさい。

Write your answer.

 ❶「医者」と書くとしたら？

▶解答例（1）→ p.106

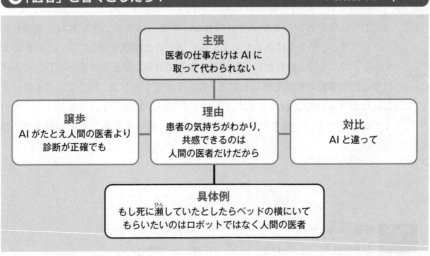

主張
医者の仕事だけは AI に
取って代わられない

譲歩
AI がたとえ人間の医者より
診断が正確でも

理由
患者の気持ちがわかり，
共感できるのは
人間の医者だけだから

対比
AI と違って

具体例
もし死に瀬（ひん）していたとしたらベッドの横にいて
もらいたいのはロボットではなく人間の医者

❷「アスリート」と書くとしたら？　　　　　　　　　　▶解答例 (2) → p.107

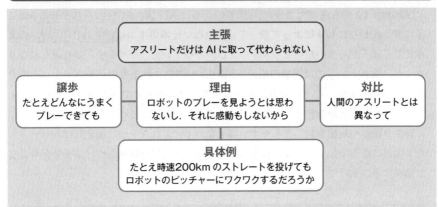

主張
アスリートだけは AI に取って代わられない

譲歩
たとえどんなにうまく
プレーできても

理由
ロボットのプレーを見ようとは思わ
ないし，それに感動もしないから

対比
人間のアスリートとは
異なって

具体例
たとえ時速200km のストレートを投げても
ロボットのピッチャーにワクワクするだろうか

 戦略を考えよう！

- 前回同様，具体的な答えを要求する問題。書き方のコツもまったく同様。

- 具体的なテーマなので考えやすいし，書きやすいはず。誰でも思いつくのは，**医療関係や教職のような人間を相手にする仕事**だろう。それ以外なら，**芸術家やアスリート**のような，**人がやるからこそ感動を起こすような職業**だろう。

- **理由**を書きやすいのは医者などの医療系の仕事だろう。「**患者の気持ちがわかる**」などが考えられる。「**AI とは違って**」のように**対比**を書いてもよいだろうし，「**たとえ診断は AI のほうがうまくても**」のような**譲歩**を加えてもよさそうだ。日頃から問題意識を持つようにして，書くことをすぐ思いつけるようになりたい。

- プロのアスリートについて書いてもだいたい同じような構成になるだろうが，医療関係者について書くのと比べると，多少書くことを思いつきにくいかもしれない。

- 制限語数が少なめなので，1 文目をしっかり書けたら，あとは**短い具体例**を簡単につけ加えるくらいでよいだろう。

Words & Phrases 空所を埋めて答案に使ってみよう。なお，空所の冒頭にアルファベットが示されている場合は，その文字から始まる単語が入る。　　▶解答→ p.107

- ① 取って代わる → (　　　　　　　　) / substitute for
- ② 頼る → (　　　　　　) on
- ③ 頼れる，あてになる → be (　　　　　　　)
- ④ 共感する・同情する → (　　　　　　　　　　) with・sympathize with
- ⑤ 診断する → (　　　　　　　)
- ⑥ 感動させる → (s　　　　　　　) / impress

過去問演習・問題4

[Chapter 1] でも述べたように，「医者の仕事は AI に<u>取って代わられません</u>」のように書く代わりに「AI によって取って代われない仕事の１つは<u>医者の仕事です</u>」のように書くほうが，言いたいことがずっと伝わりやすい文になります。繰り返しになりますが，言葉というのは**述語の部分（下線部）が強調される**ものだからです。そのためには関係詞を使うことになり，多少面倒な構文になるのでみな避けたがるのですが，避けずにしっかり書きたいものです。また，「戦略」で述べたように，この問題では**理由や譲歩や対比**も割と書きやすいはずなので，これらをつけ加えればしっかりした１文目になるでしょう。この程度の問題なら，それに**具体例**をつけ加えて合計２文で簡単に書き上げてしまいたいところです。

---

① 解答例(1) **取って代われない，また代わってほしくない仕事は「医者」**

❶ One job that should not be replaced by AI is that of a doctor, because no matter how well AI can diagnose, it is only human doctors that can understand patients' feelings and empathize with them. ❷ Suppose you are dying of some fatal disease; clearly, you will not want a robot to be beside your bed, because you know that it is only a human doctor that can give you peace of mind.

(73 words)

❶**１文目**：上記のとおり，疑似分裂文的な言い方でしっかり自分の主張を提示した後，**譲歩**と**理由**を続けます。その理由を表す文には強調構文を使っています。主語に当たる human doctors を話題にしているからです。この１文目だけで，もう解答はできたようなものです。

❷**２文目**：続けて**具体例**を少し書けば終わりです。**Suppose** は具体例を書くのに便利です。「想像する」という意味ですが，上の解答例のように「〜を想像してみて。そうしたら…」のように使えます。また，「心の平安を与えてくれるのは人間の医者だけ」というところには強調構文を使っています。１文目と同様の理由です。そこにも注意を向けてください。

② 解答例(2) **取って代われない仕事は「アスリート」**

❶ One job that cannot be replaced by AI is that of athletes, because no matter how well robots powered by AI play, it is only human athletes, who have acquired miraculous skills by training hard, that can impress us. **❷** In fact, even if a robot throws a 200 km/h fastball or runs 100 meters in 8 seconds, few people will get excited about it, because such robots are just designed to do so. (73 words)

❶1文目：芸術家でもよさそうですが，ここでは**アスリート**を取り上げてみました。それ以外どのような職業を取り上げても，多かれ少なかれ，似た感じになるでしょう。その職業に必要とされる技術だけを考えれば，AI は人間より優れていそうです。(1) のほうではそれを「たとえ人間の医者より診断がうまくても」のように書いたわけですが，(2) では**「AI を搭載したロボットがたとえ人間よりうまくプレーをしても」**というように，やはり**譲歩**として表現しました。「**たとえうまくプレーをしても感動できない**」というのが AI では取って代われない**理由**です。なぜ感動できないのかまでは書かなくてもよいかもしれませんが，やはり人間のアスリートの場合は AI とは違って，厳しいトレーニングを通じて通常はできないことができるようになった，その**努力の過程が人を引きつける**のかもしれません。そのことを関係詞を使って補いました。また，ここでも強調構文を使っています。

❷2文目：**具体例**です。野球で信じられないスピードの直球を投げるピッチャーロボットや100メートルを8秒で走るロボットがいても，そもそもそのように設計されているだけで当たり前すぎるので，感動する人はあまりいないだろうということです。こんなロボットを作る人はいないでしょうから，仮定法で書いてもよいでしょう。技術的には十分可能なことなので，**直説法**（仮定法は使わない形）で書いても構いません。この解答例では直説法を使いました。

解答 (問題 p.105)

① replace ② rely [depend] ③ reliable [dependable]
④ empathize ⑤ diagnose ⑥ strike

AI（人工知能）の進歩は目覚ましいものがあります。AI が人間の生活に与えるよい影響と悪い影響をそれぞれ述べなさい。全体で100語程度になるようにすること。

Write your answer.

❶ AI が人間の生活に与える「よい点」とは？　▶解答例 (1) (2) → pp.110-111

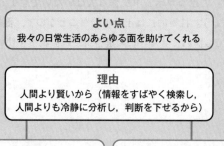

よい点
我々の日常生活のあらゆる面を助けてくれる

理由
人間より賢いから（情報をすばやく検索し，人間よりも冷静に分析し，判断を下せるから）

具体例
自動運転の車が実用化されたら，すべての人の可動性が拡大される

具体例
機械翻訳によって言葉の壁が壊されつつある

❷ **AI が人間の生活に与える「悪い点」とは？**　▶解答例 (1) (2) → pp.110-111

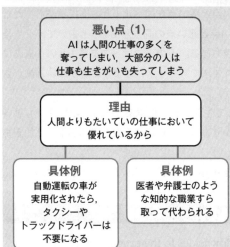

 戦略を考えよう！

- 「よい点」・「悪い点」両方を書いて 100 語程度という指示なので，どちらもそれほど長く書く必要はない。**それぞれ１文か２文で書けばよい。**

- 「よい点」は誰が書いても「**生活の利便性向上**」といったことを書くことになるだろう。ただし，**書き方で差がつく。**理由をしっかり書きたい。

- 「AI によって世の中が劇的に変わる」という話をしているので，**具体例**もそれ相応のものを書きたい。「AI に明日の天気や道順を尋ねることができる」などでは軽すぎる。こういうところで劇的と言うにふさわしい具体例を書けると，答案の印象もぐっと変わる。

- 「悪い点」はいろいろありそうだ。「AI に人間が支配される」「AI が罪を犯しても防ぎようがない」などもよさそうだが，身近な問題として「**AI に仕事を奪われてしまう**」などが書きやすいだろう。

Words & Phrases 空所を埋めて答案作成に使ってみよう。なお，空所の冒頭にアルファベットが示されている場合は，その文字から始まる単語が入る。　▶解答→ p.111

- □ ① 〜を実用化する → (　　　　　) 〜 into use
- □ ② 自動運転の車 → a (　　　　　) car
- □ ③ 機械翻訳 → machine (　　　　)
- □ ④ 〜に取って代わる → (　　　　　)
- □ ⑤ 生きがい → a (p　　　　) of life
- □ ⑥ 可動性 → (m　　　　)　　□ ⑦ 倫理 → (　　　　　)

すでに述べたように，問題文で「よい点と悪い点を述べよ」という指示があったとしても，１文目には「AIの進歩にはよい点と悪い点の両方がある」と書いて，その後で「１つのよい点は〜。しかし，悪い点もある。その１つは〜である」という構成にするのがオススメです（あくまでもオススメであって，このように書かないと減点されるという性質の事柄ではありませんが）。

「戦略」にも書いたとおり，「AIによって生活が便利になる」というのは誰でも思いつくことなのですが，その理由をしっかり書き，さらには適切な具体例をつけ加えましょう。

悪い点としては，まず失業の恐怖をとりあげて，書いてみることにします。

① 解答例⑴ **よい点：生活の利便性向上　　悪い点：失業の恐怖**

❶ There will be both upsides and downsides to the progress of AI.

❷ An obvious upside will be that it will help us in every aspect of our daily lives, because AI is much smarter than humans. ❸ For example, already language barriers are being broken down thanks to machine translation. ❹ And if the self-driving car is put into use, it will give greater mobility especially to elderly people and people with disabilities.

❺ However, there will be also downsides. ❻ The biggest one will be that AI will replace most human labor. ❼ If the self-driving car is put into use, there will be no need for taxi and truck drivers. Even people who engage in brainwork such as doctors and lawyers are no exception.

(121 words)

❶**１文目**：定番の書き方です。

❷**２文目**：理由は簡単に，「AIのほうが人間より賢い」だけにしました。当たり前の理由なのですが，それでも書くことには意義があります。

❸**３文目**と❹**４文目**：短く２つ，「機械翻訳で言葉の壁がすでに崩壊しつつある」ということと，「自動運転の車の実用化で，とりわけお年寄りや何らかの障がいを持つ人が助かる」ということを書きました。こういうところでうまく書けるかどうかで差がつきます。

❺**５文目**：欠点の挙げ方も定番ですが，確認しましょう。ここでもその後，短く２つ例を挙げています。

❷ 解答例(2) よい点：生活の利便性向上 悪い点：AIに人間社会が乗っ取られる

❶ There will be both upsides and downsides about the progress of AI.

❷ An obvious upside will be that it will help us in every aspect of our daily lives, because AI is much smarter than humans. **❸** For example, already language barriers are being broken down thanks to machine translation. **❹** And if the self-driving car is put into use, it will give greater mobility especially to elderly and handicapped people.

❺ However, there will be also downsides. **❻** The worst scenario is that AI will dominate humans and become a dictator like in science fiction unless we teach them ethics carefully. **❼** In fact, ordered to solve the problem of environmental destruction, AI will want to eliminate humans as the best possible answer.

(119 words)

❶ 1文目～**❹** 4文目：よい点に関しては (1) と同じです。

❻ 6文目と**❼** 7文目：悪い点に関して。**The worst scenario is that ...**「最悪のシナリオは…」のように書きましたが，もちろんもっと単純に，**The biggest downside is that ...**「一番大きな欠点は…」のように書いても構いません。dictator は「独裁者」ですが，思いつけなければこれも書かなくても構いません。「倫理を教えないと，AI は善悪を考えずにいつでも最適解を導き出そうとして，その結果，人殺しさえしてしまう」というのは割とよく語られる話なのですが，このような話を知っていると書くのが楽になります。ただし知っていても，(1) と同じように**具体例は短く書く**のが大切です。「もし AI に『環境問題を解決して』と頼んだとして，AI はいろいろ考えたあげく，人間こそが環境破壊の元凶なので，『人間をみな殺しにしてしまえば環境破壊は解決する』と判断を下し，人間を殺そうとしてしまう」というシナリオなわけですが，この日本語どおりに英訳したらそれだけで100語くらいになってしまいそうですし，そもそも長すぎます。うまく要約して書くのが腕の見せどころです。

Words & Phrases **解答**（問題 p.109）

① put ② self-driving ③ translation ④ replace
⑤ purpose ⑥ mobility ⑦ ethics

タイプ	よい点と悪い点を答える
テーマ	ICT 授業のメリット・デメリット
出題校	名古屋工業大〈改〉

近年，学校では，インターネットや電子機器を用いて授業をすることが増えています。そのことのメリット・デメリットの両方について，具体例を交えあなたの考えを100語程度で書きなさい。

Write your answer.

---
 ① インターネットや電子機器を用いた授業のよい点とは？ ▶解答例 (1)(2) → pp.114-115

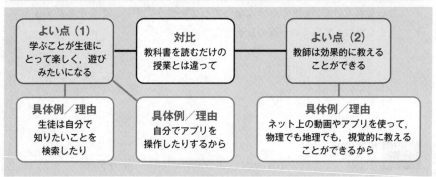

よい点 (1)
学ぶことが生徒にとって楽しく，遊びみたいになる

対比
教科書を読むだけの授業とは違って

よい点 (2)
教師は効果的に教えることができる

具体例／理由
生徒は自分で知りたいことを検索したり

具体例／理由
自分でアプリを操作したりするから

具体例／理由
ネット上の動画やアプリを使って，物理でも地理でも，視覚的に教えることができるから

❷ インターネットや電子機器を用いた授業の悪い点とは？ ▶解答例 (1)(2) → pp.114-115

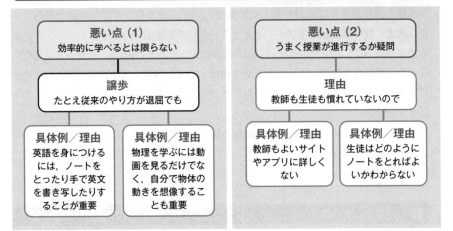

 戦略を考えよう！

- 前回の問題と同様，この問題も長所と短所を書いて 100 語という指定なので，それぞれは短くて十分。

- よい点は，「生徒にとっては遊び感覚で楽しく学べる」「教師にとっては効果的に教えられる」以外にはなさそう。どちらでもよいが，**理由や具体例**が書きやすそうなほうを選ぶ。

- **悪い点**は，簡単に言えば「そんな授業では勉強にならない」ということを書くのだが，**理由**が難しい。「地道に教科書を読んだり，手を動かしてノートをとったりする作業が学習では大切だ」ということを説明できればよい。

- または，「教師・生徒とも不慣れなので円滑に授業が進まない」といったことを欠点として挙げるほうが簡単に書けるかも。

Words & Phrases 空所を埋めて答案作成に使ってみよう。なお，空所の冒頭にアルファベットが示されている場合は，その文字から始まる単語が入る。 ▶解答→ p.115

- □ ① アプリ → an (　　　　　　)
- □ ② 楽しい → (f　　　　　　)
- □ ③ 円滑に進む → go (　　　　　　　)
- □ ④ 視覚的に・視覚化する → (　　　　　　)・(　　　　　　　)
- □ ⑤ 手でノートをとる → (　　　　　)(　　　　　　) hand
- □ ⑥ 能動的に学ぶ → study (　　　　　　)
- □ ⑦ 慣れている → be (　　　　　　) to ~ing［名詞］

　簡単そうに見えて，意外に難しい問題でしょう。どうやって学ぶのが効果的なのか，地道に教科書を読んでノートをとって…という従来のやり方がよいのか，それとも**情報技術**（**ICT：Internet and Communication Technology**）を使って情報化時代らしく授業をするのがよいのかというのは，大げさに言えば学習するときの頭のメカニズムに関わる話ですから，脳神経学者でもない我々素人にはきちんと論じることは不可能です。

　それでも，そういう問題が出題されたら解答を書かないわけにはいきません。一般人のごく直感的な感想でもちろん十分です。「よい点」のほうが多少書くのは簡単でしょう。逆に「悪い点」についてしっかり書けたら，合格間違いなしですね。

---

① 解答例(1)　**よい点：学ぶことが楽しくなる　　悪い点：それでは勉強にならない**

❶ There are both upsides and downsides to teaching using ICT.

❷ One upside is that if teachers use ICT in class, studying will become more fun for students and it will seem like playing, because all they have to do is just watch educational videos on the internet and use apps which visualize what they are studying.

❸ However, the problem is whether students can really learn anything in this way; no matter how boring what they are studying is, they have to read textbooks and take notes by hand, and use their own imagination to really learn something.

(97 words)

❷ **2文目**：細かいことですが fun は「楽しみ」という意味の名詞なので -er をつけても比較級にはなりません。**more fun**「より多くの楽しみ＝もっと楽しいこと」となります。勉強が勉強っぽくなくなるという意味での「楽しい」ということを表すには，これがピッタリの表現でしょう。その後でどのように楽しいのかを**具体的に説明**しています。確かに，教科書を目で追ったりノートを手書きしたりするよりは，アプリを使ったりネットで動画を見たりする学習は遊び感覚で楽しいですよね。

❸ **3文目**：「**けれども，それでは勉強にならない**」というのが反論です。ICT を使った授業の欠点を1つ挙げるというより，完全にそうした授業を否定するような内容なので，one downside is that ...「1つの欠点は…」と書かずに，**the problem is ...**「（しかし）問題は…」のように書きました。このあたりは柔軟に

考えたいところです。そして，その理由は書くのが難しいところですが，「本当に理解するためには手を動かしてメモをとり，想像力を働かせなければいけない」ということです。

---

② 解答例(2)　**よい点：先生が効果的に教えられる**
　　　　　　　　悪い点：授業がスムーズに進まず，ストレスがたまりかねない

❶ There are both upsides and downsides to teaching using ICT.

❷ One upside is that it can enable teachers to teach better than they do now, because they can teach visually: if you teach physics you can use an app that visualizes the movements of objects, and if you teach geography you can let your students watch movies of various parts of the world.

❸ However, the problem with this way of teaching is that the class will not go smoothly unless both the teacher and the students are used to it. **❹** Teachers should know what apps to use and how to use them and students should know how to study actively by this method.

(113 words)

過去問演習・問題⑥

❷2文目：もちろん授業が効率的になるからこそ ICT を導入しようということになるわけですが，その理由を「視覚的に教えられるから」というふうにきちんとつけ加えています。その後に「**物理の授業なら物体の動きを視覚化できるアプリを使える**」，「**地理なら世界のいろいろな場所の動画を見せる**」という理系科目・文系科目それぞれの例を書いてあります。具体例は書くのに困ったかもしれませんが，こうして書いてみるとそれほど難しいことではないのがわかるはずです。**主語**は困ったら **you** が簡単です。もちろん，**teachers** を表す **they** でも構いません。

❸3文目：悪い点として「**慣れていないと授業が円滑に進まない**」ということを unless を使って書きました。「**教師と生徒それぞれが慣れていないと**」と書くことで，その次の**4文目**で**具体例**を2つ挙げやすくなったはずです。

次の質問に100語程度の英語で答えなさい。

These days being famous on YouTube is something young people want to do. Do you think becoming a YouTuber is a good career choice? Provide reasons and examples to support your opinion.

 Write your answer.

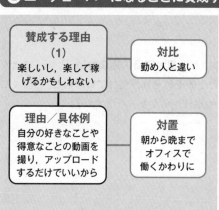

①ユーチューバーになることに賛成するとしたら？ ▶解答例 (1) → p.118

賛成する理由 (1)
楽しいし，楽して稼げるかもしれない

対比
勤め人と違い

理由／具体例
自分の好きなことや得意なことの動画を撮り，アップロードするだけでいいから

対置
朝から晩までオフィスで働くかわりに

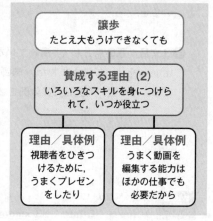

譲歩
たとえ大もうけできなくても

賛成する理由 (2)
いろいろなスキルを身につけられて，いつか役立つ

理由／具体例
視聴者をひきつけるために，うまくプレゼンをしたり

理由／具体例
うまく動画を編集する能力はほかの仕事でも必要だから

❷ ユーチューバーになることに反対するとしたら？   ▶解答例 (2) → p.119

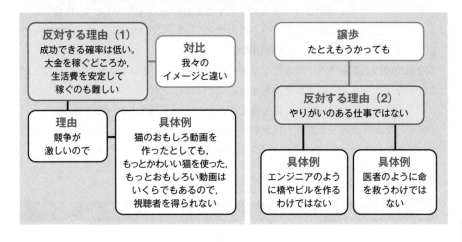

 戦略を考えよう！

- 再び最初に戻り，賛成か反対かを問うタイプの問題。

- 反対する理由として，「**成功できっこない**」のように言うのは誰でも思いつくだろうし，具体例を含めて書きやすいのではないだろうか。「理由を２つ挙げろ」とは指定されていないし，理由１つだけでも 100 語くらいならすぐ書けるはず。

- けれども，「**ユーチューバーはやりがいのない仕事**」という反対論も書きやすそうなので，捨てがたい。

- 逆に，賛成で書くのなら「**楽して稼げる**」以外の理由を見つけるのが難しそうだ。

Words & Phrases 空所を埋めて答案作成に使ってみよう。なお，空所の冒頭にアルファベットが示されている場合は，その文字から始まる単語が入る。   ▶解答→ p.119

- ☐ ① 〜とは違って → (u　　　　　　) 〜
- ☐ ② (お金を) もうける → (m　　　　　) (　　　　　　　)
- ☐ ③ 視聴者・視聴者たち → an (　　　　　　) ・ (　　　　　　)
- ☐ ④ 安定している → (　　　　　　)
- ☐ ⑤ 競争 → (　　　　　　)
- ☐ ⑥ 充実した → (　　　　　)
- ☐ ⑦ 生産的な → (　　　　　)

　ユーチューバーを職業とすることに賛成するとしたら，「楽しい」とか「成功したらもうかる」というのは誰でも思いつく理由です。逆に，反対するとしたら「安定した収入が得られない」ということが理由になるでしょう。

　それで制限語数をクリアできそうならそれで書いてしまえばよいし，語数が少し足りないなと思ったらもう１つ理由を考えることになります。

　そういうときに役立つのが，逆を考えることです。「成功すれば→もうかる」，逆は「成功しなかったら→それでも何かが得られる」，または「うまくいかないに決まっている」ならば「うまくいったら→それでもやりがいがない」というように。

　では，まず賛成論で書いてみます。

❶ 解答例(1) ユーチューバーになることに賛成（賛成論で理由２つ）

　❶ I think being a YouTuber is a good career choice.

　❷ The biggest reason is that YouTubers can make money just by doing what they want, unlike most office workers. ❸ All they have to do is make funny movies and upload them.

　❹ Also, it makes sense for young people to wish to become a YouTuber, because even if they cannot become successful, they can learn a lot of things that are useful for their future job. ❺ For example, making a presentation that is easy for your audience to understand is a useful skill in any job.　　　(95 words)

❷２文目：「大部分の勤め人とは違って」という対比を unlike を用いて書いてあります。

❸３文目：何か具体例を書きたいところです。疑似分裂文 all they have to do is... を使って書きましたが，それにこだわらなくてもよいです。内容的にも，「朝早く起きる必要はない」とか「満員電車で通勤しなくてもよい」とか，そんなことでもよいでしょう。

❹４文目：４文目からは２つ目の理由です。実際にユーチューバーで成功できるかはさておき，目指すこと自体はそれほど悪くないですよね。make sense は「納得がいく」「割に合う」といった意味の熟語です（〔Chapter 4〕p.170参照）。こういうところにはぴったりな表現ですので，覚えておきましょう。

それでは次に，反対理由２つで書いてみます。

❷ 解答例(2) **ユーチューバーになることに反対（反対論で理由２つ）**

❶ I don't think being a YouTuber is a good career choice.

❷ The biggest reason is that you are not very likely to become successful as a YouTuber, because the competition is really severe on these platforms. **❸** Even if you make a funny movie featuring your cat, there are a lot of funnier movies online, so you are unlikely to attract viewers.

❹ Also, even if you become successful, it will not give you a fulfilling life, because YouTubers just make movies that make people laugh, and unlike doctors, they don't save lives, and unlike engineers, they don't create things that can improve people's quality of life.

(105 words)

❷ 2文目：ユーチューバーになることに反対するとして，それが「**安定していない仕事** (not a stable job) **である**」とか，この解答例のように「**成功する確率が低い**（「～する確率が高い・低い」は be likely to do を使って表すのが便利です）**仕事である**」ということは誰でも書くと思います。しかし，そのうえで，その理由までしっかり書けているでしょうか？　理由はもちろん，「**競争が激しいから**」の一言につきますよね。言われれば当たり前の理由なのですが，おそらくきちんと書ける人は少ないと思います。こういうところも学んでいきましょう。

❸ 3文目：具体例を述べています。「**飼い猫を使っておもしろ動画を作っても，こうしたプラットフォームにはもっとおもしろい動画がいくらでもあるので，視聴者をなかなか得られない**」ということです。こうした具体例を書ける人は，さらに少ないはずです。

❹ 4文目：もう１つの理由を書きました。たとえもうかっても「**充実した** (fulfilling)」人生をもたらしてくれるような，「**生産的な** (productive)」仕事ではないということです。このあたりの語彙も自由英作文では便利に使えるはずです。[**Chapter 4**] の語彙は必ず確認しておいてください。また，具体例の書き方も参考になるはずです。

過去問演習・問題7

解答（問題 p.117）
① unlike　② make money　③ audience・viewers
④ stable　⑤ competition　⑥ fulfilling　⑦ productive

タイプ	賛成か反対かを答える
テーマ	レジ袋の有料義務化
出題校	秋田大

2020年からスーパーやコンビニのレジ袋（a one-time shopping bag）に対し代金を請求する（charge for ~）ことが義務づけられました。あなたはこの法律に賛成ですか反対ですか。100語程度の英語で考えを述べなさい。

Write your answer.

❶ レジ袋の有料義務化に賛成するとしたら？

▶解答例（1）→ p.122

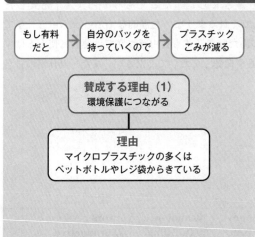

もし有料だと → 自分のバッグを持っていくので → プラスチックごみが減る

賛成する理由（1）
環境保護につながる

理由
マイクロプラスチックの多くはペットボトルやレジ袋からきている

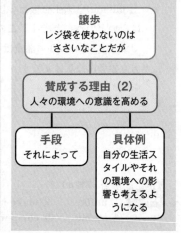

譲歩
レジ袋を使わないのはささいなことだが

賛成する理由（2）
人々の環境への意識を高める

手段
それによって

具体例
自分の生活スタイルやそれの環境への影響も考えるようになる

❷ レジ袋の有料義務化に反対するとしたら？ ▶解答例 (2) → p.123

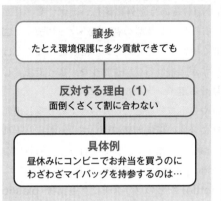

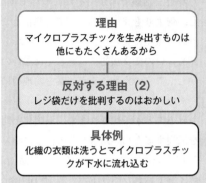

 戦略を考えよう！

- 賛成するとして，「環境保護のため」というのは誰でも書けるのだが，レジ袋を有料化することで人々があまりそれを使わなくなり，その結果プラスチックごみが削減されるので環境によい，という一連の流れをミッシング・リンク（論理の飛躍）がないようにうまく書ければ，それだけで悪くない答案になる。

- もう１つ賛成する理由を挙げるなら，この手の問題は**波及効果**，つまり**レジ袋に限らず，もっと広く人々の環境意識向上につながる**ということを書けばよい。これはいつでも使える手法。

- 反対するとしたら，まずは面倒くさいということになる。しかし，主観的なことなので理由が書きにくく，意外に語数を稼ぐのは難しそう。

- こういうときに使えるのは，**レジ袋以外にももっと環境に悪いものがあるので，そちらをまず規制すべき**ということだが，しっかり具体例を挙げて書くためには知識も必要になり，難易度が高そうだ。

Words & Phrases 空所を埋めて答案作成に使ってみよう（⑤はどちらの空所にも同じ語が入る）。
▶解答→ p.123

☐ ① 小売業者 → a (　　　　　　　　)　　☐ ② 消費者 → a (　　　　　　　　)

☐ ③ 人々の意識を向上させる → (　　　　　　　) people's (　　　　　　)

☐ ④ 化学繊維→ (　　　　　　) fiber

☐ ⑤ ～だけのせいにする → (　　　　) only ～ / put all the (　　　　) on ～

☐ ⑥ 規制する → (　　　　　　)

☐ ⑦ ～を考え直す → (　　　　　　)

　身近な話題ですが，それについて英語で論じるのは意外に難しいはずです。しかし，何よりもまず前ページでも指摘した「有料化→レジ袋の利用減→プラスチックごみ減→環境によい」という一連の流れを書く練習をしてください。and でつなぐだけでもよいので文法的には難しくはないのですが，書ける受験生は少ないようです。しかし，こういうところが答案を論理的に見せるポイントになります。

　また，このテーマは今後もペットボトルやストローなどに関連させて繰り返し出題されることが予想されます。温暖化と同様に今回の環境問題についても，論点とそれを表現するための語彙をこの機会に学んでおいてください。概略を言うと，原料になる石油よりも主にプラスチック製品（**plastic products**）を使ったあとが問題です。ポイ捨てされたペットボトル（**a plastic bottle**）などのプラスチック廃棄物（**plastic waste**）や，とりわけ合成繊維の衣類（**synthetic fiber clothes**）を洗ったときに生み出される細かいプラスチックの破片であるマイクロプラスチック（**microplastic**）を，下水（**sewage**）を通じて海に破棄する（**dump**）ことが問題視されています。

❶ 解答例(1) レジ袋の有料義務化に賛成（賛成論で理由２つ）

❶ I think it makes sense to oblige retailers to charge for plastic shopping bags.

❷ The biggest reason is that it will help protect the environment in the long run; consumers will be discouraged from getting a shopping bag at the store, and thus the amount of plastic waste will be reduced.

❸ In addition, even if reducing the use of plastic shopping bags is a small thing, it will help raise people's awareness of the environment. ❹ People will rethink their ways of living and also their effect on the environment. ❺ For example, some people will stop buying beverages in plastic bottles and using plastic straws.

(104 words)

❷**２文目**：繰り返し述べてきた一連の流れを書いてあります。本書で学習してきたようないろいろな接続詞を使っているわけでもなく，文法的には簡単なものなので，ぜひ参考にしてください。

❸**３文目**と❹**４文目**：「波及効果」のことを述べています。ここで使われている raise awareness of ～「**～に関する意識を高める**」は，自由英作文で便利に使えそうなので覚えておきましょう。rethink「**考え直す**」も便利です。think は

think about ～「～について考える」のように自動詞として使いますが，rethink はこの解答例の中の用法のように他動詞として使います。

---

② 解答例⑵ レジ袋の有料義務化に反対（反対論で理由２つ）

❶ I think it is absurd to oblige consumers to pay for shopping bags every time they do the shopping.

❷ The biggest reason is that it is too much of a hassle to bring our own shopping bag each time. ❸ Imagine you have to take your own bag just to go to a nearby convenience store to buy your lunch.

❹ In addition, it is not fair to put all the blame on plastic shopping bags, because there are more harmful products that need to be regulated. ❺ For example, when you wash synthetic fiber clothes, you are dumping microplastic into the sewage.

(100 words)

❶１文目：賛成・反対ということを述べるときに，agree や disagree といった語を使うことにこだわる必要はありません。absurd は「ばかげた，不合理な」。このあたりの語彙は［Chapter 4］を参照してください。

❷２文目：a hassle「面倒（なこと）」（［Chapter 4］p.183参照）と反対する根拠を述べていますが，具体例は書きにくいです。

❸３文目：imagine を命令文で使い，「～みたいなことを想像してごらん」といった具合に書いてみました。

❹４文目：ここからは２つ目の理由です。「fair じゃない」と言えば「ずるい！」ということを表せます。これもこういうところでは適切な形容詞でしょう。しかし，このあとにその理由と具体例がうまく書けるかは，前述のとおり，この問題について知識があるか，そしてそれを表すための語（句）を知っているかどうか次第です。

Words & Phrases 解答（問題 p.121）
① retailer　② consumer　③ raise, awareness [consciousness]
④ synthetic [chemical / artificial]　⑤ blame　⑥ regulate
⑦ rethink [reconsider]

タイプ	賛成か反対かを答える
テーマ	日本での同性婚の合法化
出題校	早稲田大（政治経済）

次の意見に賛成か反対か，2つ理由を挙げて100語程度で答えなさい。

Gay marriage should be made legal in Japan.

 Write your answer.

💡 **❶ 同性婚の合法化に賛成するとしたら？**　　　　　　　　　　▶解答例（1）→ p.126

条件・手段
同性婚を合法化することで

賛成する理由（1）
異性カップルと同じ権利を持てる

具体例
家を買うときに家族としてローンを組んだり

具体例
パートナーが亡くなったときに遺産を相続したり

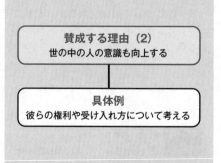

賛成する理由（2）
世の中の人の意識も向上する

具体例
彼らの権利や受け入れ方について考える

❷ 同性婚の合法化に反対するとしたら？ ▶解答例 (2) → p.127

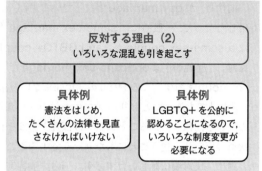

 戦略を考えよう！

- 賛成するほうが圧倒的に簡単に書けそう。まず賛成の1つ目の理由としては，**異性カップルと同等の権利を得られる**ということで，これは具体例も思いつきやすい。「同性カップルが同じ権利を持たないのはおかしい」と書いても，「もし合法化されたら同性カップルも同じ権利を持てるだろう」と書いてもよいが，後者のように書くなら**仮定法**を使うことになる。

- 2つ目の理由は前回の問題と同様，同性婚が認められたら**人々の意識も向上する**ということだろう。ただし，「どう向上するか」を具体例として書くことになるので，それがうまく書けそうならば。

- 逆に，反対論を書くのはかなり苦しそう。唯一，こういうときに使えるのは「伝統的な価値観を壊す」と「混乱を招く」ということ。例えば現在，日本の学校は基本的に4月入学だが，諸外国に合わせて9月入学にすることの是非を問う問題が時折出題される。はっきり言って，9月にしても明らかな弊害はない。それでも反対したい場合と同じような論法が使える。

- それにしてもどのような価値観が壊れるのか，どのような混乱が生じるのかを書かなくてはならないわけで，反対論を書くのはなかなか大変そうだ。賛成するか反対するかで，書きやすくも書きにくくもなる問題の典型だろう。

Words & Phrases 空所を埋めて答案作成に使ってみよう。 ▶解答→ p.127

- □① 同性カップル → a (　　　　　) couple
- □② 異性カップル → an (　　　　　) couple □③ 相続する → (　　　　　)
- □④ 伝統的価値観を壊す → (　　　　　) traditional (　　　　　)
- □⑤ 混乱 → (　　　　　) □⑥ 法律を改正する → (　　　　) a law
- □⑦ ～を平等に扱う → (　　　　) ～ (　　　　)

「同性婚」が gay marriage となっていますが，これは入試の過去問題をそのまま引用したためで，一般的には same-sex marriage と表します。また，「同性カップル」は a same-sex couple か，an LGBTQ+ couple のように書いてもよいでしょう。反対に「異性婚」は opposite-sex marriage で，「異性カップル」は an opposite-sex couple です。このあたりの語は知らないと話が始まりません。

「戦略」でも述べたとおり，「世の中一般の人の意識向上」という2つ目の論点を前回の問題と同様に使えることに気づけば賛成論はそれほど難しくないはずです。書き方次第で仮定法を使うことにもなりそうです。そこにも注意を払いましょう。

逆に，反対論は難しいはずです。一応，解答例を掲げますが，みなさんに勧められるかどうかはそうとうビミョーです。

① 解答例(1) 日本での同性婚の合法化に賛成（賛成論で理由2つ）

❶ I think it is fair to legalize same-sex marriage here in Japan too.

❷ The biggest reason is that same-sex couples would then have the same rights as opposite-sex couples. ❸ They could loan money as a family when they are buying a house, and especially when your partner dies, it is important for you to be allowed to inherit what they leave.

❹ Also, if the law were revised, the awareness of people would be raised. ❺ People would begin to think about LGBTQ+ people's rights and treat everyone as equals in school, workplaces and communities in general. (95 words)

❷2文目：then は「そうしたら」という副詞。これが，「もし合法化されたら」と同じ条件を表す役割をしているので，「同性カップルも同じ権利を持てるだろう」という部分は仮定法の結論の形，すなわち would を使って書いてあります。次の文では具体例が挙げられていますが，その中でも could という助動詞の過去形が使われているのがわかるはずです。

❹4文目：ここでも仮定法を使っています。もし，このあとに具体例を挙げるとすれば，学校でも制服に配慮したり，社会の中でもトイレの設置の仕方に配慮したりするようになるということを書くことになるでしょう。

それでは次に，反対理由2つで書いてみます。

126

② 解答例(2) 日本での同性婚の合法化に反対（反対論で理由２つ）

❶ I don't agree with the idea of legalizing same-sex marriage.

❷ One reason is that then our traditional values would be destroyed. **❸** A family must consist of a father, a mother and children.

❹ In addition, it would cause confusion. **❺** A lot of laws regarding the family and marriage, including the Constitution, would have to be revised. **❻** And officially admitting LGBTQ+ people would mean that many social institutions like boys' and girls' schools would no longer have any meaning.　　(77 words)

❷ ２文目：賛成論の答案と似たような形で仮定法を使いました。「価値観」は values（複数形）です。「壊す」は destroy を使いましたが，似たような比喩的な意味で「薄める」dilute もよく使われます。

❸ ３文目：その「価値観」を具体的に説明します。「価値観を壊す」のような表現は自由英作文で便利に使えるのですが，その表現だけ覚えていてもダメです。自分の答案という文脈の中で適切に使うことが重要で，そのためにはこうした抽象的な表現には具体例を添えなければいけません。それを見て，採点官は受験生がその表現を借り物ではなくちゃんとわかって使っていると納得するわけですから。

❹ ４文目～**❻** ６文目：すべて仮定法を使ってあります。その理由はもうわかるでしょう。そういうふうに法改正をすると，婚姻制度だけでなく，社会のあらゆる制度（institutions）に見直しが必要になるというような論旨で書けば，具体例（ここでは「男子校や女子校も意味を失う」）も書きやすいのではないでしょうか。「公共の場所にあるトイレも全部作り変えなければならない」などでもよいでしょう。

解答 （問題 p.125）

① same-sex　　② opposite-sex　　③ inherit
④ destroy [dilute], values　　⑤ confusion
⑥ revise　　⑦ treat, equally [fairly]

Suppose that, in the future, machine translation overcomes all the weaknesses. In this case, will humans continue to study foreign languages? Write a 70-100 word paragraph to explain your opinion, providing at least two reasons or ideas to support your position.

✎ **Write your answer.**

❶ AI 翻訳が完璧でも外国語を学ぶことに賛成する場合 ▶解答例 (1) → p.130

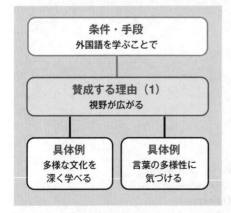

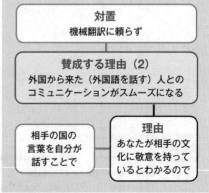

条件・手段
外国語を学ぶことで

賛成する理由 (1)
視野が広がる

具体例
多様な文化を
深く学べる

具体例
言葉の多様性に
気づける

対置
機械翻訳に頼らず

賛成する理由 (2)
外国から来た(外国語を話す)人との
コミュニケーションがスムーズになる

相手の国の
言葉を自分が
話すことで

理由
あなたが相手の文
化に敬意を持って
いるとわかるので

❷ AI 翻訳が完璧なら外国語を学ぶことに反対する場合 ▶解答例 (2) → p.131

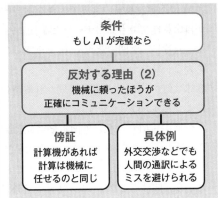

条件
もし本当に AI が完璧に翻訳してくれるなら

反対する理由（1）
外国語の習得はむだ

具体例	具体例
外国語の情報をネットで読むときも AI で十分	外国の人と話をするときにも AI で十分

条件
もし AI が完璧なら

反対する理由（2）
機械に頼ったほうが正確にコミュニケーションできる

傍証	具体例
計算機があれば計算は機械に任せるのと同じ	外交交渉などでも人間の通訳によるミスを避けられる

戦略を考えよう！

- 要するに，学問の意義を問う問題。
- 一見するとむだに思える学問の意義を問われたときの定番の弁護パターンは次の３つ。１つ目は broaden one's view [mind]「視野を広げてくれる」，２つ目は help build one's character「人格形成に役立つ」，３つ目は satisfy our curiosity「好奇心を満足させてくれる」。外国語学習の意義としては，最初の「視野を広げてくれる」くらいが最も適当だろう。
- ただし，前回の問題と同じで，こうした「借り物」の言葉はちゃんと自分の言葉で説明し，具体例などを挙げて補強してはじめて意味を持つので要注意。もう少し語数が必要なら，もっと具体的な例も挙げられそうだ。
- もう１つ賛成する理由を挙げるなら，やはり機械翻訳があってもそれに頼らずに会話をしたほうがよいということだろう。
- 逆に反対の立場は「もし AI が完璧に翻訳してくれるなら外国語を勉強するなんて時間のむだ」ということになるが，正論すぎて理由も挙げにくそう。

Words & Phrases 空所を埋めて答案作成に使ってみよう。 ▶解答→ p.131

- ☐ ① 多様な → （　　　　　　　）
- ☐ ② 円滑にコミュニケーションする → communicate （　　　　　　　）
- ☐ ③ 機械翻訳に頼る → （　　　　　　　） on machine translation
- ☐ ④ 時間のむだ → a （　　　　　　　） of time
- ☐ ⑤ 商談 → business （　　　　　　　）
- ☐ ⑥ 外交会議 → （　　　　　　　） conference

過去問演習・問題10

解答例と解説

　AI は近年，現実の世界で大きな話題となり，同時にそれに関するさまざまな影響が自由英作文でも頻出テーマとなっています。[Chapter 1] でもすでに取り扱いました。同時に，学問の意義（「漢文を学ぶことは必要か」「宇宙探査のような科学研究は莫大な予算をかけてやる必要があるか」「ネット時代に調べてわかることを暗記する意味は何か」など）も改めて問われる時代なので，最近こちらも自由英作文のテーマによくとりあげられます。

　つまり，「AI の時代に外国語を学ぶ意義はあるのか」というのは二重の意味で現代ならではのテーマであり，いろいろな大学で出題される可能性が高いテーマといえます。

　こうした問題にはありがちなことですが，当たり前な結論（AI がやってくれるのだから人間はやらなくていい）は，意外に答案としては書きにくいものです。それでも具体例を挙げていけば（外国語を母語にする人と話すときも AI を使えばいいし，外国語で書かれた本やネットの記事を読むときも AI がリアルタイムで翻訳してくれる，など）100 語程度なら簡単にクリアできるでしょうが，意地悪に本問では「2 つ以上理由を挙げよ」とあるので，反対論で答案を書くのはなかなか難しそうです。

　いずれにせよ，「戦略」のところに挙げた，「学問の意義」のような抽象的なことを聞かれて困ったときに使えそうな 3 つの表現はぜひ覚えておいてください。それで制限語数をクリアできそうならそれで書いてしまえばよいし，語数が少し足りないなと思ったら，もう 1 つ理由を考えることになります。

❶ 解答例(1) AI 翻訳が完璧でも外国語を学ぶことに賛成（賛成論で理由２つ）

　❶ I think even if machine translation becomes perfect, it will still make sense to study a foreign language.

　❷ The biggest reason is that by studying a language you can broaden your view. ❸ You will realize how diverse languages are, and you can also understand diverse cultures more profoundly, because cultures are closely related to the languages with which they are formed. ❹ For example, if you study Chinese, you will be amazed at how much we owe to the Chinese culture.

　❺ Also, communication with people from other cultures will become smoother if you speak their language, instead of relying on machine translation, because it shows that you respect their culture. (109 words)

　❶1 文目：「たとえ機械翻訳が完璧になっても」という譲歩は書けたでしょうか。

❷2文目：「戦略」でも述べたように，「視野を広げる」というのはこういう場合の定番です。ただし，そのあとが重要。ここでは4文目に「中国語を学べば中国文化からの恩恵にも気づくはず」といった具体例を書きました。

---

❷ 解答例(2) **AI翻訳が完璧なら外国語を学ぶことに反対（反対論で理由2つ）**

❶ I think it will no longer be necessary to study a foreign language once machine translation becomes perfect.

❷ First of all, it will be a waste of time to try to learn a language, if you can rely on AI both when you are talking to someone who doesn't understand your language and when you want to read some article on the internet or a book written in a foreign language.

❸ Also, you can avoid human mistakes by relying on machine translation, just as we had better use a calculator when we want to avoid a mistake in calculating. **❹** It is especially important in business negotiations or diplomatic conferences.

(109 words)

❷2文目：first of all は「まず第一に」。もちろん1つ目の，そして**最も重要な理由を述べるとき**に使います。そして，そのあとに「話すときにも読むときにも…」のような形で具体例を挙げています。

❸3文目：完璧なAI翻訳が期待できるならそれに頼ったほうがよいというのは，よく考えれば，よっぽど暗算が得意な人以外，複雑な計算は電卓や電卓アプリを使ったほうが早いのと似ています。それを**傍証**の形で書きました。**just as SV** で「ちょうど～であるのと同様に」です。

❹4文目：最後は具体例です。友人同士の会話ならカタコトの外国語もご愛嬌<ruby>愛嬌<rt>あいきょう</rt></ruby>なのでしょうが，何より正確さが重要な場面もあります。それが，大事な商談や外交上の会議のような場面ですよね。簡単ですが，それを具体例に書きました。書きにくいところなのですが，傍証や具体例があることで，それなりに説得力のある2つ目の理由になるのではないでしょうか。

解答（問題 p.129）
① diverse　② smoothly　③ depend [rely]　④ waste
⑤ negotiation [talk]　⑥ diplomatic

次の指示に基づき，あなたの考えを80〜100語の英語で述べなさい。

Do you think it is important to study space and other planets such as Venus? Give at least two reasons.

✎ Write your answer.

───────────────────────────

───────────────────────────

───────────────────────────

───────────────────────────

───────────────────────────

───────────────────────────

───────────────────────────

───────────────────────────

───────────────────────────

───────────────────────────

 ❶ 宇宙について研究することに賛成するとしたら？ ▶解答例 (1) → p.134

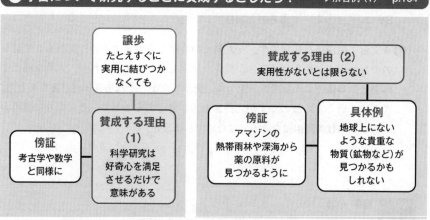

譲歩
たとえすぐに
実用に結びつか
なくても

賛成する理由 (2)
実用性がないとは限らない

賛成する理由 (1)
科学研究は
好奇心を満足
させるだけで
意味がある

傍証
考古学や数学
と同様に

傍証
アマゾンの
熱帯雨林や深海から
薬の原料が
見つかるように

具体例
地球上にない
ような貴重な
物質(鉱物など)が
見つかるかも
しれない

❷宇宙について研究することに反対するとしたら？　　▶解答例 (2) → p.135

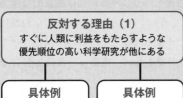

反対する理由（1）
すぐに人類に利益をもたらすような優先順位の高い科学研究が他にある

具体例	具体例
再びエピデミックを起こさないようウィルスを研究	難病の治療に役立つような遺伝子の研究

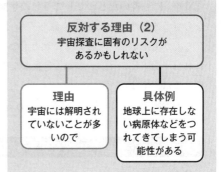

反対する理由（2）
宇宙探査に固有のリスクがあるかもしれない

理由	具体例
宇宙には解明されていないことが多いので	地球上に存在しない病原体などをつれてきてしまう可能性がある

 戦略を考えよう！

- 前回と同じく，学問の意義を問うような問題。

- 今回は宇宙探査の話なので，前回の問題のところで挙げた「**人格形成**」「**視野を広げる**」「**好奇心を満足させる**」の中では「**好奇心を満足させる**」というのが，たとえ実用性がなくても研究の価値があるという論拠として使えそう。

- もう１つ理由を考えるとすれば，**本当に実用性がないと決めつけてよいのか**ということ。宇宙のどこかで何かが発見されるかもしれない。

- そのようなことを書けば，「実用性があるかもしれないし，たとえなかったとしても…」という，問題７のユーチューバーのときの解答例と同じような構成になる。ポイントは，その「何かを発見するかもしれない」というところを，うまく具体例や傍証などを使ってしっかり書けるかどうかだ。

- 逆に反対論は，「他に金銭的・人的資源の使い道がある」ということと「危険性がある」ということだが，他にどんな使い道があるのか，どんな危険性があるのかを具体化して英語で書くのに多少知識が必要になりそうだ。

過去問演習・問題11

 Words & Phrases　空所を埋めて答案作成に使ってみよう。　　▶解答→ p.135

☐ ① 即座に利益を産む　→（　　　　　　　　　） benefits immediately
☐ ② 素材　→（　　　　　　）
☐ ③ 優先順位（の高いこと）→ a（　　　　　　）
☐ ④ 伝染病の流行　→（　　　　　　）

「戦略」にも書いたとおり，こうした学問の意義を問うような問題は抽象的な議論にならざるを得ず，どうしても難しくなってしまうのですが，「何か現実的な利益に結びつくかもしれない」ということと「たとえそうならなくても好奇心を満足させてくれれば十分」という，いわば「定番」の書き方ができれば，実際はそれほど苦労なく書けるはずです。

その意味で，「宇宙探査には意義がある」という立場で書いたほうが簡単そうです。

❶ 解答例(1) 宇宙について研究することに賛成（賛成論で理由２つ）

❶ I think they should continue to explore space, even if it costs a lot.

❷ One reason is that, as we have found precious materials in the deep ocean or in the Amazon rainforest, we can possibly find some precious materials somewhere in space, like minerals that don't exist on the earth.

❸ And even if space exploration doesn't yield benefits immediately, scientific research has a meaning, as long as it satisfies our curiosity, just as a discovery in archeology or mathematics excites people, although it doesn't improve our lives.

(88 words)

❶ **1文目**：単純に「賛成です」と書いてももちろんよいのですが，反対論者は「宇宙探査なんてお金のむだ」と言うでしょうから，それを譲歩に取り入れて「たとえお金がかかっても」という部分をつけ足しました。

❷ **2文目**：「アマゾンなどでも見つけたように」という傍証と，「地球上に存在しない鉱物のような」という具体例などを全部一文の中に取り入れてしまいました。

❸ **3文目**：ここからは２つ目の「科学研究にはそれ自体で意味がある」という理由です。「たとえ実用性がなくても」という譲歩をつけることによって，「実用性があるかもしれない」という１つ目の理由とうまく条件分岐ができるのは「戦略」で述べたとおりです。「実用性がある」は，**have practical use** とか **be useful** とか **be immediately useful** といった表現があります（〔Chapter 4〕p.188参照）が，ここではあえてそれらを使わずに **doesn't yield benefits immediately**「即座に恩恵を生み出さない」と書きました。他にいくらでも表現はありそうです。そのあとに続く **as long as** は「～さえすれば」という最低限の条件を表す接続詞でしたね。久しぶりに使いましたが覚えていたでしょうか。傍証は要するに「考古学や数学のように」ということなのですが，名詞を列挙す

るのではなく，ちゃんと文のかたちに組み立てることで少し語数を稼いでいます。

❷ 解答例⑵ **宇宙について研究することに反対（反対論で理由2つ）**

❶ I think they should stop spending a lot of money on space exploration.

❷ The biggest reason is that there are more urgent priorities from which we can expect immediate benefits. **❸** For example, it is better to use our resources to study viruses, so that there will never be an epidemic again, or to study regenerative medicine.

❹ Also, we cannot exclude possible risks regarding space exploration, because we know only a little about space. **❺** There might be some unknown pathogen, which, if brought to the earth, could cause fatal consequences.

(89 words)

❷ 2文目：a priority という表現はこういうときに便利です。「優先順位」などと訳しますが，我々が日常語で言うところの「もっとほかにやることあるだろ」ということです。

❸ 3文目：具体例です。ここも「ウィルス研究や再生医療研究のような」と名詞の列挙をするのが多くの受験生の答案なのですが，ちゃんと文章にして「再びエピデミックが起こらないようにウィルスの研究に資源を使ったほうがよりよい」というように具体例を挙げました。再三述べますが，ぜひ心がけてほしいことです。regenerative medicine は，遺伝子技術を使った再生医療を指します。少し難しい語ですので，思いつけない場合は他の学問名を挙げてもよいです。

❹ 4文目：ここからは2つ目の理由，「宇宙探査にまつわる危険性を排除しきれない」という話です。「宇宙に関して無知だから」という理由もつけ加えました。

❺ 5文目：pathogen は「病原体」，一般に virus「ウィルス」と germ「菌」を総称してこのように呼びますが，思い浮かばなかったら他の単語に置き換えることもできます。

解答 (問題 p.133)

① yield　　**②** material　　**③** priority　　**④** epidemic [pandemic]

Tourism causes a lot of problems. Write an essay in English about some of these problems and your solutions. Support your ideas with reasons and examples. （100 語程度で書いてみてください）

✎ **Write your answer.**

❶ 観光が引き起こす「問題点」とは？

▶解答例（1）（2）→ pp.138-139

（オーバーツーリズム）
多すぎる観光客が地元の人の生活のじゃまになっている。
ホテル・飲食店の料金が高騰する

理由・手段
外国からの観光客の多くが
限られた有名観光地に
集中することで

具体例
京都では通勤・通学の人が
バスや電車に乗れないくらい
混雑していることもある

具体例
東京では宿泊料が
以前の倍以上になっている
ホテルも珍しくない

❷ 観光が引き起こす問題の「解決策」とは？ ▶解答例 (1)(2) → pp.138-139

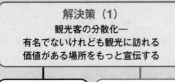

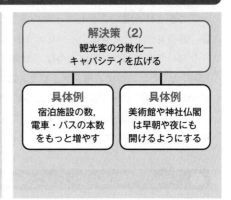

 戦略を考えよう！

- まず，問題が今までとは少し違う。ここで問われているのは「**問題点**」と「**解決策**」である。全体の構成を最初にイメージするのが大切。

- 全体を2部構成にして，第1部には「最近の旅行者の増加が～という問題を引き起こしている」または「ツーリズムの引き起こしかねない一つの問題は～」のように書き，後半は「それに対する考えられる解決策の一つは～」のように書けばよさそう。

- 問題点を問われると，なぜかすぐに「外国人観光客はゴミを散らかす」といったことを書く人が多いが，偏見や差別意識が感じられてむしろ印象がよくないし，そもそもいきなり具体例を書くこと自体あまりよくない。例えば，「現地の人の生活をじゃまする」と書いたあと，具体例として「バスや電車が混雑する」といったことを挙げるくらいが適当ではないだろうか。

- 解決策を書けというのは非常に困るところだ。「**分散させる**（disperse）」「**キャパシティを広げる**」というのが相場ではなかろうか。

過去問演習・
問題 **12**

Words & Phrases 空所を埋めて答案作成に使ってみよう。 ▶解答→ p.139

- ☐ ① ～のじゃまをする → (　　　　　　　)
- ☐ ② 観光地 → a (　　　　　) (　　　　　)
- ☐ ③ 満員の → (　　　　　　)
- ☐ ④ キャパシティを広げる → (　　　　　) capacity
- ☐ ⑤ あまり知られていない～を宣伝する → (　　　　　) less known ～

　ここからは今までと少しタイプの違った問題をいろいろ扱いたいと思います。今後，自由英作文は多様化するでしょうから，それへの対応能力養成ということです。

　今回の問題で問われているのは，「戦略」にも書いたように「観光客増加のもたらす問題」と「それに対する解決策」です。この２つのことを書け，と言われているわけですから，当然それに応えるように答案を書かなければいけません。別に難しいことではなく，「問題は～である」のように書いたあとに「考えられる解決策の一つは～である」のような構成になります。

① 解答例(1)　問題点：地元民の生活への支障　解決策：観光客の分散化

❶ One of the possible problems from the recent increase in the number of tourists is so-called overtourism: if a lot of tourists concentrate on a small number of sightseeing spots, they can disturb local people's lives. ❷ One of the examples is Kyoto; these days, buses and urban trains are always packed, and due to tour buses, roads are always jammed.

❸ One solution I can think of is to disperse tourists — promote other less known beautiful towns to attract tourists. ❹ For example, Nara is as beautiful and as rich in historical architecture as Kyoto, but the number of tourists who go there is far smaller than that of tourists to Kyoto. ❺ If 10% of the tourists went to Nara instead of Kyoto, it would make a difference.

(126 words)

❶**1文目**：「観光客増加による一つのありうる問題は～」という書き出しです。「観光客増加は～するだろう」と書いてもよいところを「問題は～することだろう」と書くのは，本書で繰り返し述べているところです。overtourism という語は，使わなくてもまったく問題ありませんが，使ったらそれを自分の言葉で説明することが大切です。

❷**2文目**：京都を具体例として挙げています。「交通機関は混雑，道路も渋滞」ということです。なお，「戦略」のところでも述べたとおり，具体例として「外国人はゴミをポイ捨てする」とか「ばか騒ぎをする」といった差別的なことを書く人が非常に多くて驚かされます。入試の英作文で思想までは問われませんが，短絡的な思考をするという印象は与えるでしょう。それより，いわゆる「数の暴力」，つまり個々人を見れば普通の善良な観光客なのだけれど，それでも数が増えるとそれだけで問題になるということを書いたほうが常識的ですし，それで

こそ後半部分の「観光客を分散させる」という解決策ともつながってくるのではないでしょうか。

❸3文目：ここからは解決策です。この解答例の前半部分とだいたい同じような書き方をしているのがわかるはずです。

② [解答例(2)] 問題点：地元民の生活への支障　解決策：キャパシティを広げる

❶ One of the possible problems from the recent increase in the number of tourists is so-called overtourism: if a lot of tourists concentrate on a small number of sightseeing spots, they can disturb local people's lives. ❷ One of the examples is Kyoto; these days, buses and urban trains are always packed, and due to tour buses, roads are always jammed.

❸ One solution is to enhance the tourism carrying capacity — if there are more bus and train services, the situation will improve. ❹ Likewise, if museums open early in the morning and close late at night, they will not be as crowded as they are now.

(104 words)

❶1文目と❷2文目：前半部分は解答例 (1) とまったく同じです。

❸3文目と❹4文目：後半部分について。まず，こうした旅行者の収容キャパシティのことは tourism carrying capacity などというのがよく見る表現ですが，単に capacity でも capacity for tourists でも，わかるように書けば減点されることはないでしょう。「拡大する」も，この解答例で使った enhance でも，increase や improve でも大丈夫です。2つの具体例を挙げ，likewise「同様に」でつなぎました。

過去問演習・問題 12.

Words & Phrases 　**解答**（問題 p.137）
① disturb [bother]
② sightseeing [tourist], spot [attraction / destination]
③ packed [full]　④ enhance [increase]　⑤ promote [advertise]

以下の問1, 2に英語で答えなさい。

This chart shows the number of international students in the U.S. in 2019 by country of origin. Obviously, Japanese students are not very interested in studying abroad, or in this case in the U.S., compared with those from other East-Asian countries like China or South Korea. Many experts attribute this tendency to their being introverted（内向的）. Of course, this characteristic is not confined to Japanese youth, and there are other reasons why they don't study abroad, apart from this characteristic. However, it is undeniable that this is a big problem for this nation.

	出身国	生徒数(万人)
1	中国	37.2
2	インド	19.3
3	韓国	4.9
4	サウジアラビア	3.0
5	カナダ	2.5
8	日本	1.7
9	ブラジル	1.6

問1 Explain Japanese youth's introversion with an example other than studying abroad, in about 40 words.

問2 Do you agree with the reason mentioned in this passage? Or do you think there is another, more convincing reason why Japanese youth don't study abroad? Write your opinion in about 60 words.

Write your answer.

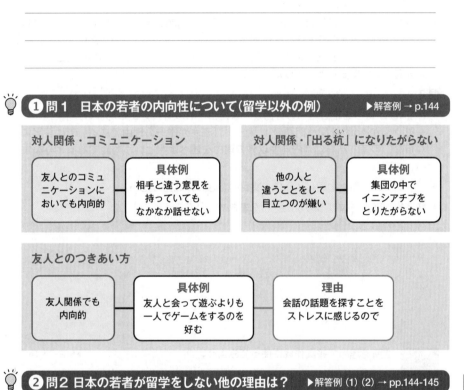

❶ 問1　日本の若者の内向性について（留学以外の例）　▶解答例 → p.144

対人関係・コミュニケーション

| 友人とのコミュニケーションにおいても内向的 | **具体例**
相手と違う意見を持っていてもなかなか話せない |

対人関係・「出る杭（くい）」になりたがらない

| 他の人と違うことをして目立つのが嫌い | **具体例**
集団の中でイニシアチブをとりたがらない |

友人とのつきあい方

| 友人関係でも内向的 | **具体例**
友人と会って遊ぶよりも一人でゲームをするのを好む | **理由**
会話の話題を探すことをストレスに感じるので |

❷ 問2　日本の若者が留学をしない他の理由は？　▶解答例 (1) (2) → pp.144-145

譲歩
たとえ留学に興味があっても

他の理由（1）
留学する経済的余裕がない

理由
日本経済はずっと不況で，円も安いので

他の理由（2）
多くの学生は留学が就職活動に不利だと考えている

| **理由**
企業は留学経験を評価しないし | **理由**
面接にも行けないし，インターンとして働くこともできないから |

過去問演習・問題**13**

問1

- 具体的な答えを尋ねる設問なので，１文目をしっかり書くことを心がけたい。つまり，例えば「日本人は〜に関しても内向的である」と書く代わりに，「日本人の内向性の別の例は〜しがちなところである」のような書き方をしてみたい。
- 制限語数自体は 40 語と短いので，その１文目に簡単な具体例・説明をつけ加えるくらいで，全体を２文で簡単に書きたい。
- 「内向性」というのは拡大解釈も可能だろうが（問題文自体，留学しない理由としてその内向性を挙げているくらいなので，単に「シャイ」というだけでなく，もう少し広義にこの語を捉えている），単純に考えれば「内向性」の他の例としては**対人関係に関すること**を書けばよさそうだ。

問2

- 「内向性が留学を拒む唯一の理由か，またはそれ以外に理由があるのか」という，一見 yes か no かを問う問題のようだが，「これが唯一の理由である」では答案にならないので，結局は**「内向性以外の理由を述べよ」**という問題であるとみなすべきだろう。
- だとすると，問１と同じように１文目の書き方に注力したい。
- **経済的な理由**を挙げるのが，たぶん書きやすいだろう。

Words & Phrases 空所を埋めて答案作成に使ってみよう。　　　　　　　　　　▶解答→ p.145

- □ ① 〜を表現するのをためらう → (　　　　　　　) to (　　　　　　) 〜
- □ ② イニシアチブをとる → (　　　　　　　　　) an initiative
- □ ③ 円が安い。 → The yen is (　　　　　　).
- □ ④ 不利 → (　　　　　　　)
- □ ⑤ 〜の余裕がある → (　　　　　　　　) 〜
- □ ⑥ 不況 → (　　　　　　　)
- □ ⑦ 教育費 → (　　　　　　) (　　　　　　　)
- □ ⑧ 就職活動 → job (　　　　　　)
- □ ⑨ 面接 → a job (　　　　　)
- □ ⑩ インターン（実習生，研修生） → an (　　　　　　)

解答例と解説

　導入や誘導が問題文に追加されているタイプの問題を少し演習しましょう。誘導とは，多くの場合，図表やグラフ，または答案の中で利用できる論点や語彙が含まれている短い英語の文章のことです。

　こうした問題はたいていの場合，設問が細分化され，大問の中に小問がいくつかあり，それぞれの制限語数は短いのが通例です。つまり，書くことが比較的決められているため文章全体の構成についてはあまり気を使う必要がなく，逆に，本書で学んだように1文ずつきっちり書くことで高評価が得られやすい問題だといえるでしょう。

　今後，入試の自由英作文は，いきなり「自分の考えを書け」のようなタイプではなく，こうした「作り込まれた」問題が増えることが予想されます。

　また，最近の日本の若者たちが留学をしなくなっている傾向に関しては，非常によくテーマにされます。まさに本問で取り上げているように理由はいろいろあるのでしょうが，留学する日本の学生の数が以前に比べて激減しており，そのことを由々しき問題と捉えている大学の先生が多いのです。頻出のテーマですので，その意味でも本問はしっかり演習してください。

❶ 問1 解答例 友人関係（言いたいことも言えない）

❶ Another example of Japanese youth's being introverted is that they are so afraid of hurting other people that they often hesitate to express themselves even to their close friends. **❷** When their friend says something, even if they don't quite agree with it, they typically just nod. (46 words)

❶ 1文目：「戦略」でも述べたように「日本の若者の内向性のもう一つの例は〜」のような書き出しにしてあります。

❷ 2文目：「友だちが何かを言ったときに」という **when**,「たとえ完全には賛成でなくても」という譲歩の **even if** を使って書きました。

これで予定どおり2文完成です。最初にいくつかの案を載せましたが，おそらくこの解答例に書いたような内容が誰でも思いつきやすく，かつ書きやすいのではないでしょうか。

❷ 問2 解答例(1) 他の理由がある（経済的な問題）

❶ Another reason (why) Japanese youth nowadays don't study abroad as much as before is that even if they are interested in it, few of them can afford it. **❷** The Japanese economy has been in recession for a long time, salaries haven't increased, and the yen is weak, while educational expenses have become extremely high in many rich countries. (58 words)

❶ 1文目：例えば，「遅刻した理由」を関係副詞 **why** を使って **the reason (why) I was late** のように書くことは高校初級の文法知識ですが，英作文になると意外に書けない人が多いようです。ちなみに，関係副詞は省略も可能です。「留学したくてもできない」を譲歩の **even if** を使って書くのはもう問題ないでしょう。

❷ 2文目：「日本はずっと不景気で，給料は上がらない，円は安い」のに対し，「先進国の教育費は高くなってしまっている」という対比を，**while** を使って書いてあります。

❸ 問2 解答例(2) 他の理由がある（就職に不利）

❶ Another reason Japanese students hesitate to study abroad is that they know that it can be a disadvantage in job hunting. ❷ Japanese companies don't appreciate their applicants' experience of studying abroad, and if you are abroad, you cannot go to a job interview or work as an intern, even if a company you want to work for requires you to.

(60 words)

❶ 1文目：解答例 (1) とだいたい同じ書き方です。

❷ 2文目：企業側の姿勢と，学生が就職活動できないという2つの側面を具体例として書きました。そのぶん，この1文が長くなって，2文で語数は足りてしまいました。難しい語彙は使っていませんが，自分でも思いつける語彙かどうか確認してみてください。

解答 (問題 p.142)

① hesitate, express　② take　③ weak　④ disadvantage
⑤ afford　⑥ recession　⑦ educational expenses
⑧ hunting　⑨ interview　⑩ intern

Imagine that you want to have a part-time job during your first year at university but only the following three are available. Which one would you like to choose and why? Give at least three reasons based on the information in the chart and support each reason with at least one personal detail. Your response should be written in English and be at least 80 words long.

Characteristic	Bookstore	Restaurant	Convenience Store
Hourly Wage	900 yen	1,200 yen	1,200 yen
Working Hours	6 P.M. ~ 10 P.M. (4 hours)	10 A.M. ~ 3 P.M. (5 hours)	4 A.M. ~ 8 A.M. (4 hours)
Schedule	Tuesday, Wednesday, Thursday	Saturday, Sunday	Monday, Friday
Benefits	Includes transportation fee, 10% store discount	1 free meal per shift	None
Travel to University	20 minutes (bus)	30 minutes (train)	10 minutes (walking)
Travel Home	30 minutes (walking)	20 minutes (train)	10 minutes (walking)

Write your answer.

❶ Bookstore を選ぶ場合の理由は？　　　▶解答例（1）→ p.149

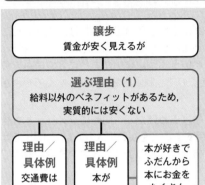

譲歩
賃金が安く見えるが

選ぶ理由（1）
給料以外のベネフィットがあるため，
実質的には安くない

理由／具体例 交通費は出してもらえるし	理由／具体例 本が1割引で買える	本が好きでふだんから本にお金をたくさん使っている

選ぶ理由（2）
平日の夕方〜
夜だけの勤務が
ちょうどいい

理由
平日の日中は
授業があるし，
週末は友だちと
遊ぶので

選ぶ理由（3）
大学から遠くない

理由
自宅からは少し
遠いが，大学から
直接行くので
問題ない

 ❷ Restaurant を選ぶ場合の理由は？　　　▶解答例（2）→ p.150

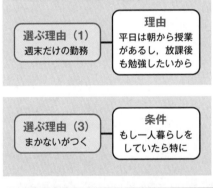
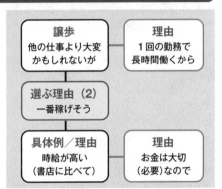

選ぶ理由（1）
週末だけの勤務

理由
平日は朝から授業
があるし，放課後
も勉強したいから

選ぶ理由（3）
まかないがつく

条件
もし一人暮らしを
していたら特に

譲歩
他の仕事より大変
かもしれないが

理由
1回の勤務で
長時間働くから

選ぶ理由（2）
一番稼げそう

具体例／理由
時給が高い
（書店に比べて）

理由
お金は大切
（必要）なので

 ❸ Convenience Store を選ぶ場合の理由は？　　　▶解答例（3）→ p.151

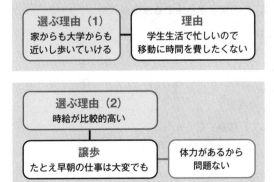

選ぶ理由（1）
家からも大学からも
近いし歩いていける

理由
学生生活で忙しいので
移動に時間を費したくない

選ぶ理由（3）
早朝働ける唯一の選択肢

理由
授業が遅い時間まである日も
多く，夜は働けない

選ぶ理由（2）
時給が比較的高い

譲歩
たとえ早朝の仕事は大変でも

体力があるから
問題ない

- 具体的で取り組みやすい問題。

- 最低 80 語で，どの選択肢を選ぶにせよ少なくとも 3 つ理由を挙げ，それぞれに自分の個人的な事情（問題文に personal detail とある）をつけ加えろという指示。1 文目に「私なら～を選択するだろう」というふうに書いたあとに 3 つ理由を書くとすれば 80 語くらいは自然と達成できるので，制限語数は気にしなくてもよさそうだ。

- アルバイトそれぞれに 3 つのメリットを挙げるわけだが，同時にデメリットも見つかる。**デメリットも「譲歩」として活用する**ことを視野に入れたいし，「～ではあるがこの点はどうでもいい。なぜなら自分は～」のように 3 つの理由に含めてもよいだろう。

- 一応，問題文に「この表からわかる情報に基づいて」とあるので，「書店のアルバイトは相対的にヒマそうなので…」というように，この表からわかること以外を理由として挙げるのはあまりよくなさそう。

- もちろん，譲歩で「たとえ忙しくても」のように使うのは問題ないだろう。

- 3 つのアルバイトのうち，どれを選んでも 3 つは理由が見つかるように作られているように見える。

Words & Phrases 空所を埋めて答案作成に使ってみよう。なお，空所の冒頭にアルファベットが示されている場合は，その文字から始まる単語が入る。　　▶解答→ p.151

- □ ① 交通費を払う　→ pay for the (　　　　　　　)
- □ ② 愛書家　→ a book-(　　　　　　　)
- □ ③ 店員 ※集合名詞的に使う　→ shop (　　　　　　　)
- □ ④ 一人暮らしをする　→ live (　　　　　　　)
- □ ⑤ 節約する　→ (e　　　　　　　)
- □ ⑥ （人が交通機関などを利用して）移動する　→ (t　　　　　　　)
- □ ⑦ 割に合う，元が取れる　→ (　　　　　　　) off
- □ ⑧ 体力がある　→ be (　　　　　　　)

😺 解答例と解説

「戦略」でも述べたとおり，書きやすい問題です。3つも理由を挙げろというのは少し多すぎにも思えますが，この制限語数ならそのぶん一つ一つは簡単に書けば済むので楽でしょう。その代わり，3つの理由それぞれをしっかり組み立てることが要求されます。それを選択した場合のデメリットもうまく答案の中で活かしましょう。

❶ 解答例(1) Bookstore を選ぶ

❶ I would choose to work for the bookstore.

❷ First of all, even if the hourly wage may seem to be small, compared with those of the other two jobs, it is actually not so small, because they pay for the transportation and there is a 10% discount for the shop staff, which is good for book-lovers like me.

❸ Another merit is that you can work in the evening on weekdays, because I have a lot of classes to attend on weekdays, and I often go out with my friends on weekends.

❹ And it doesn't matter that it is a bit far from my home, because I would go there directly from college.

(112 words)

❶ **1文目**：仮定法を使いました。言うまでもなく，すべてが架空の設定に過ぎませんので。

❷ **2文目**：一見すると時給が安く思えます。そのことを表すだけではなく，「他の仕事に比べて」という対比をつけ加えました。対比として，[**Chapter 1**] では unlike を学びましたが，ここで使っている **compared with** もみなさんご存じのはずです。ただ，unlike でも compare with でも，比べるものを等しくしなければいけません。「書店の時給」を「他の2つの仕事の時給」と比べるのです。ここでも，those は wages を指しています。かなり長い文になりましたが，3つの理由すべてをこの長さにする必要はありません。ただ，3つのうち1つくらいはこういうふうにキッチリ文を組み立てると，制限語数の面から見てもよいでしょう。

❸ **3文目**：ここは誰が書いてもだいたい同じになりそうです。

❹ **4文目**：最後の文には「確かに自宅からは遠いけれど問題ない」という，厳密には書店を選ぶ積極的な理由とは言い切れないようなことも理由として挙げましたが，許容範囲内でしょう。

❶ I would choose the job in the restaurant.

❷ The biggest reason is that you have to work only on weekends, which is a good point for me, because as a college student, I have to study a lot on weekdays.

❸ Also, you can earn more than you could from the other two jobs, because its hourly wage is relatively high and you can work for longer hours at a time. ❹ This is important for me, too, because even if the job is harder than the other two jobs, the amount of money I can earn matters to me.

❺ And they give you a free meal, which would be a great help, especially if you live alone, as I do.

(119 words)

❶1文目と ❷2文目：ここは問題ないでしょう。

❸3文目と ❹4文目：この解答例ではここがポイントになりそうです。お金が稼げるという論点を挙げたわけですが，その理由として「時給が高いし」，「1回あたりの労働時間も長いから」と2つ理由を挙げるのは，「総収入＝単位時間あたりの収入×労働時間」という計算からして論理的なことです。それをしっかり英語で表現できるかが問われています。そのあとに，「たとえ仕事はハードでも」という譲歩をつけ加えました。仕事がどのくらい大変かは表に記載されているわけではありませんが，一般的に考えて，時給が高いアルバイトは仕事内容もそれなりにハードでしょう。この程度ならば，記載されている事実以外のことであっても書いて許されるであろうということは，すでに述べたとおりです。

❺5文目：「まかない」を意味する a free meal は表の中に書かれている語句なのでこれをそのまま使えばよいし，まかないをありがたいと思うのは特に一人暮らしの学生でしょう。そういう設定にすればよさそうです。

③ 解答例(3) Convenience Store を選ぶ

❶ I would choose to work for the convenience store.

❷ The biggest reason is that it is near both my house and my college, and that is a good point for me, because I am busy with my campus life and don't want to waste time traveling.

❸ Also, it is nice that its hourly wage is relatively high; even if the job is hard, it pays off and I am sure I am fit enough to work hard.

❹ And this is the only option that allows me to work early in the morning, which is also a reason I would choose this job, because on most days I have college classes till late in the evening, and it would be difficult for me to work after college on weekdays. (128 words)

❶1文目と ❷2文目：出だしの1文目と，1つ目の理由を書いた2文目については，特に問題ないでしょう。

❸3文目：「時給が高い」という2つ目の理由です。もちろん，誰にとっても給料は低いより高いほうがよいでしょうが，「たとえ仕事が大変でも（譲歩）」，「これなら割に合うし，自分は体力には自信がある」というように書きました。なかなかこういう書き方は思いつきにくいかもしれませんが，うまく書ければよい答案になるでしょう。

❹4文目：単に「早朝働ける」と書いてもよいのでしょうが，「早朝働ける唯一の選択肢だ」のように書きました。そのぶん，少し文法的に難しい構文になったかもしれません。

解答 (問題 p.148)

① transportation　② lover　③ staff　④ alone
⑤ economize　⑥ travel　⑦ pay　⑧ fit [tough]

タイプ	賛成か反対かを答える
テーマ	高校生のスマートフォン利用の規制
出題校	富山大

　近年，高校生のスマートフォンへの依存が問題になっており，その影響の一端は以下の調査結果にも表れています。あなたは高校生のスマートフォンの利用を何らかの形で規制すべきだと思いますか。1行10語を目安として5行以上の英語であなたの意見を書きなさい。その際，以下のデータの少なくとも1つの項目に言及しながら，あなたがそう考える理由も述べなさい。

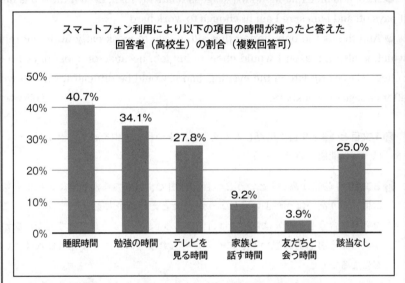

スマートフォン利用により以下の項目の時間が減ったと答えた
回答者（高校生）の割合（複数回答可）

※「睡眠時間 40.7%」は，回答者の40.7%が「睡眠時間が減った」と回答したことを意味する。他の項目も同様である。

（総務省『高校生のスマートフォン・アプリ利用とネット依存傾向に関する調査報告書』（平成26年）より一部修正のうえ抜粋）

✎ **Write your answer.**

_____

_____

_____

_____

_____

_____

❶ スマートフォン利用の規制に賛成するとしたら？　▶解答例（1）→ p.156

❷ スマートフォン利用の規制に反対するとしたら？　▶解答例（2）→ p.157

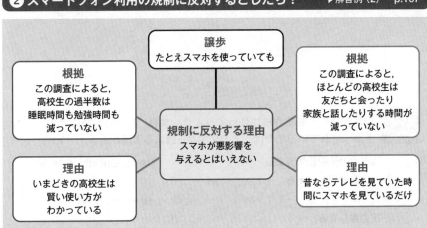

- 賛成するにせよ反対するにせよ，スマホが高校生の生活に悪影響を与えているのかどうかを理由にすることになりそうだ。

- 「規制すべき」というのなら，「高校生活に悪影響を与えているから」という理由を書くことになるだろう。

- 逆に「規制すべきではない」と反対論を述べるとしたら，以前学んだように「たとえ悪影響を与えるといっても規制するのはやりすぎ」という論調でも構わないが，与えられたグラフが示す情報を答案に取り入れることを考えると，素直に「悪影響を与えているとまではいえない」ということを理由にしたほうがよさそうだ。

- このグラフを見ると，特に睡眠や勉強に悪影響が及んでいるようにも思えるが，よく考えれば**過半数の高校生はスマホの使用による影響はないと答えている**わけだ（例えば，約4割の高校生が睡眠時間が減ったと回答しているということは，逆に考えれば残り約6割の高校生の睡眠時間は減っていない＝以前と同様かそれ以上に寝ているわけだ）。

- 問題文にも「データの少なくとも1つの項目に言及しながら」とあるように，こうしたグラフを伴う問題では，**グラフの数字とそこから読み取れることとを組み合わせて書く**ことが肝要になってくる。例えば次のようにである。

> 「スマホを使うことで睡眠への悪影響が出ている」
> ＝グラフから読み取れること

＋

> 「この調査によると，高校生の回答者の4割が以前ほど眠っていないと答えている」
> ＝根拠になるグラフ上の数値

Words & Phrases 空所を埋めて答案作成に使ってみよう。なお，空所の冒頭にアルファベットが示されている場合は，その文字から始まる単語が入る。 ▶解答→p.157

- ☐ ① スマホの使用を制限する → (　　　　　　　　) the use of smartphone
- ☐ ② 〜に悪影響を与える → have a bad (e　　　　　　) on 〜
- ☐ ③ スマホをイジる → (　　　　　　　) with one's smartphone
- ☐ ④ 夜更かしする → (　　　　　　) up (till) late
- ☐ ⑤ スマホにハマる（中毒になる）→ get (　　　　　) to using one's smartphone

英作文のコツ　その1

　図表やグラフに示されていることを英語で説明する必要がある問題のとき，「増える」・「減る」を表現しなければならなくなることが非常に多いです。

　もちろん，英語には increase「増える」，decrease「減る」という動詞があるのですが，多くの場合，比較級をうまく活用して表現するのが簡単ですのでオススメです。

　例えば，本問で「昔より高校生の睡眠時間が減った」ということを英語で表現するとして，どう訳すか考えてみましょう。

　まず，日本語をそのまま直訳したような英文を考えてみます。

(?) High school students' sleeping time has decreased.

　まさに直訳です。あまりよい英文とはいえません。次のように書くことをオススメします。

　High school students sleep less than before.

　もちろん，この less を more にすれば「昔より増えた」になります。

- 「増える」＝比較級 + than before
- 「減る」= 劣等比較級 (less) + than before

　また，「減らない」と言いたいのなら同等比較を使えばよいでしょう。

　High school students sleep as much as before.

問題文にあるように，解答は1行10語程度で5行以上，つまり想定されている解答の長さは50語以上で，おそらく70〜80語くらいまでです。スマホ規制に賛成か反対かを述べ，次に理由を書き，最後にグラフの数字を１つ挙げるくらいで十分でしょう。

① 解答例(1) **スマートフォン利用の規制に賛成**

❶ I think it is necessary to restrict high school students' use of their smartphones, because it has a bad effect on their health and school life. **❷** High school students nowadays fiddle with their smartphones till late at night, and they sleep less than before. **❸** According to this survey, about 40% of high school students say they don't sleep as long as before. (62 words)

❶１文目： もちろん最初に「規制することに賛成」と書くわけですが，問題文のどこにもヒントになるような単語は載せられていないので，すべて自分で作文しなければいけません。「規制する」は **regulate** ですし，あるいは **restrict**「制限する」でもよいでしょう（ちなみに，こういうふうに**厳しく上限を設ける**という意味では limit より restrict を使うのが普通です）。または，「親や教育者は子どもが好き放題スマホを使うのを許すべきではない」のように考えて，**Parents and educators should not allow children to use their cellphones too long.** というふうに言葉を補ってみれば何とか書けるはずです。

❷２文目： 単純に「夜遅くまでスマホをイジっていて，睡眠時間（または勉強の時間）が減っている」ということを書けばよいでしょう。グラフを見ても，スマホの悪影響があるとすればその2つが大きそうですから。「減る」は前ページで説明したように，比較級を使うと便利です。fiddle「イジる」は **[Chapter 4]** の語彙集の p.194にも載せましたが，この表現も覚えておくとよいでしょう。

❸３文目： ここが重要なところです。たとえ前の文と多少繰り返しになってもよいから，その裏付けになる数字を重ねて言うわけです。

② 解答例(2)　スマートフォン利用の規制に反対

❶ I don't think there is any need to regulate the use of smartphones by high school students, because it doesn't seem to have serious effects on their lives. **❷** On the contrary, most of them seem to have good relationships with their family and friends. **❸** In fact, according to this survey, only about 9% of the respondents say they don't talk with their family as much as before and fewer than 4% say they spend less time with their friends than before.　(81 words)

❶ 1文目：賛成論と同じく，最初に「規制する必要はない」という主張と「今のところ特に重大な影響を与えているようには見えないから」という理由をまとめて1文で書きました。もちろん，**It is because ...** というように2文に分けて書いても構いません。

❷ 2文目：この文はこのあとの3文目に書く「家族と話す時間が減ったと答えた高校生はたった9%ほど」などといった数字から読み取れること，すなわち「人間関係に影響は出ていない」ということを書いてあります。冒頭の **on the contrary** は「それどころか」という意味の熟語ですが，こういう語彙を使いこなすと文と文のつながりがよくなります。

❸ 3文目：最後は，解答例 (1) 同様に数値を挙げています。全体の構成は解答例 (1) と同じようになるのがわかると思います。

過去問演習・15

Words & Phrases　**解答** (問題 p.154)

① restrict　② effect　③ fiddle　④ stay　⑤ addicted

Read the following passage and answer the questions in English.

Traditionally favored by private institutions, school uniforms are being adopted by US public schools in increasing numbers. According to a 2020 report, the percentage of public schools that required school uniforms jumped from 12% in the 1999-2000 school year to 20% in the 2017-18 school year.

Supporters of school uniforms say that they create a "level playing field" that reduces socioeconomic inequalities and encourages children to focus on their studies rather than their clothes.

Opponents say school uniforms prevent students from expressing their individuality and have no positive effect on behavior and academic achievement.

問1 Based on this passage, what does "level playing field" mean? Write around 40 words.

問2 What do you think about school uniforms? Are you for or against them? Explain your opinion with reasons based on your personal experience, using around 70 words.

✎ **Write your answer.**

_____

_____

_____

_____

_____

_____

_____

_____

_____

_____

_____

_____

_____

_____

_____

_____

_____

_____

_____

_____

❶ 問1　level playing field とはどういう意味か？
▶解答例 → p.162

| 生徒の誰もが他のクラスメイトより劣っていると感じlike環境 | 制服賛成論者に言わせれば，全員が制服を着たら実現できる | 理由
同じ服を着て学校に行くことになるから |

❷ 問2 制服着用に賛成・反対するとしたら？
▶解答例 (1) (2) → pp.162-163

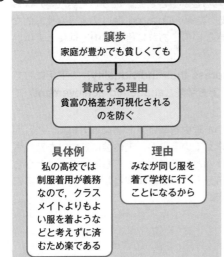

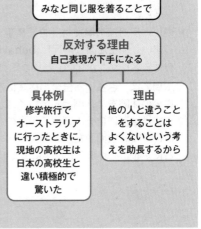

問1

- 与えられた英語の文章に関する英問英答の問題だ。自分の意見を求めるタイプの自由英作文への導入として，このような英問英答の問題が出題されることは国立大学の二次試験ではよくあること。

- こういった設問の場合，指定語数も短いことが多い。本問でも 40 語なので，できれば1文か2文で，時間をかけずに確実に得点したい。

- level は「水平の」という形容詞として使われており，したがって直訳するなら「水平の遊び場」ということだが，説明問題の題材になるくらいなので比喩的な表現である。それを普通の表現に置き換えればよい。つまり，「水平の」＝「平等の」，「遊び場」＝「環境」ということだ。

- もちろん，それだけでは 40 語にならないので，ここではそれがどういうことを指すのかを，もう少し補足説明すればよい。

問2

- こちらは普通の「賛成か反対か」に関して自分の意見を述べる問題だ。

- 今まで本書で学んできたやり方で書けばよいのだが，今回のように導入になるような英文が与えられている問題では，その与えられた英文の中に賛成・反対それぞれの立場をとったときに使えそうな論拠と，それを表す語（句）が与えられているのが通例なので，それを利用して書けばよい。

- ちなみに，本文中に与えられている賛成論の論拠とは「社会経済的な不平等（socioeconomic inequality）を減らして」，「何を着るか考えるのではなく勉強に集中する（focus on 〜）」環境を作れるということだ。こうした語（句）は答案の中で使用して構わないが，問1にあった level playing field のような比喩的な表現については，自分でうまく説明できないのであれば答案の中では使ってはいけない。

- 逆に，反対論の論拠は「自己表現（express their individuality）を下手にしてしまい」，「生活面（素行）（behavior）でも学業（academic achievement）でも何もメリットがない」ということだ。

- 本問では，さらに「自分の体験に基づいた理由を挙げよ」となっている。これが自分の体験を具体例として書くことを求めているのか，実体験に基づいた意見さえ書けば別に自分の体験そのものを具体例として挙げなくてもよいのかはわからない。曖昧な問題だが，安全のために自分の体験を具体例として簡潔に述べることにする。あくまでも簡潔に書くのが大事だ。

🐱 英作文のコツ　その2

　今回の問1のように，英語の表現を定義することを求められるケースは頻繁にあります。「〜は〜を意味する」というように書けばよいわけですし，「意味する」というのは mean なのですが，問題はこの語の使い方です。

① [mean + 名詞] Freedom means the right to do anything you want.
② [mean + ~ing] Studying means trying to understand something new.
③ [mean + that 節]
　　The proverb "time flies" means that time passes really fast.

　mean には3つの使い方があります。
「自由とは？」のように名詞を説明しようとするなら①のように使うべきです。
「学ぶということは？」のように動作，行為を説明するなら②のように使うべきです。
「『時は飛ぶ』とは？」のように主語を備えた文を説明するなら③のように使うべきです。
　受験生はなぜか③のような使い方が大好きなのですが，使い分けましょう。
　本問では「水平な遊び場とは？」と聞かれているので，単純に考えれば①のように書くべきです。

Words & Phrases 空所を埋めて答案作成に使ってみよう。なお，空所の冒頭にアルファベットが示されている場合は，その文字から始まる単語が入る。　▶解答→ p.163

□① 〜に劣等感を抱く　→ feel (　　　　　　　) to 〜
□② 〜に優越感を抱く　→ feel (　　　　　　　) to 〜
□③ 格差　→ a (g　　　　　　　)
□④ 公平な環境　→ (　　　　　　　) environment
□⑤ 助長する　→ (e　　　　　　　)

解答例と解説

❶ 問1 [解答例] level playing field とは

❶ A "level playing field" here means a school environment where nobody feels inferior or superior to their classmates. ❷ Supporters of school uniforms believe it can be realized because if everyone wears the same clothes, the socio-economical gaps among families will not be apparent. (43 words)

❶ **1文目**：名詞を説明しようとしているので，前のページで紹介したとおり，①の形で mean を使い，「～は誰もがクラスメイトより優れているとも劣っているとも感じないような学校環境を意味する」のように書きました。「平等な学校環境を意味する」のように書いてもよいのでしょうが，「平等」というのも少し雑な定義なので，もう少し詳しく定義してあるのがわかるはずです。

❷ **2文目**：語数的に余裕があるので，もう少し補足説明をしておきました。あくまでも制服賛成論者の意見ですが，「みな同じ服装になることで，世帯間の社会経済的格差が見えにくくなる」ということです。与えられた文章の中の単語をうまく利用すれば書けるはずです。

❷ 問2 [解答例(1)] 制服着用に賛成

❶ I think it makes sense to oblige high school students to wear a school uniform.

❷ The biggest reason is that if everyone wears the same uniform, it will create a fair environment, where nobody feels superior or inferior to other classmates, because socioeconomical gaps will not be apparent in this respect. ❸ In fact, my high school has a uniform, and we are quite comfortable with it, because you don't have to worry about what to wear to look nice. (79 words)

❶ **1文目**：問1とかなり重複した内容になっていますが，問1自体が制服賛成論者の一番中心的な主張を説明させるような問題なので致し方ないでしょう。ただ一つ留意してほしいのは，問1でも問題になっていた level playing field という比喩的な表現を，a fair environment というふうに自分の言葉を使って言い換えたところです。「戦略」でも述べましたが，基本的に与えられている語彙は使ってよいのですが，こうした比喩的・抽象的な表現だけは自分の言葉に置き換えましょう。

❸ **3文目**：問題は最後となるこの3文目です。「戦略」のところで述べたように，「自分の体験に基づいて」という問題の指定が，本当に「体験に基づいた具体例を挙げよ」ということを意味しているのかどうかはハッキリしませんが，たとえそうした具体例を書くのでもあまりダラダラと書いてはいけません。みなさんのことを何も知らない採点官が理解できるように個人的な体験を語るのは，実はなかなか難しいことです。うっかり「ボロが出る」ことのないよう，この解答例の中の具体例くらいの簡潔さで書きたいところです。

❸ 問2 解答例(2) **制服着用に反対**

❶ I think it's absurd to oblige high school students to wear a uniform.

❷ The biggest reason is that if they only wear what they are obliged to, they will lose the ability to express themselves, because it encourages them to do the same things as their classmates. ❸ I remember when we went to Australia on a school trip and visited our sister school there; I was quite impressed by the fact that everyone wears what they like and are happy about it.

(82 words)

❷ **2文目**：反対論は，制服を着ると自己表現が下手になるという論旨なわけですが，なぜ制服ひとつでそんなに教育上の悪影響が出るのか，その理由をここで述べています。「制服が『みなと同じことをしていればよい』という態度を助長してしまうから」ということです。このように，当たり前すぎるのでかえって書きにくい理由もしっかり書く必要があることを本書では学んできました。ここでもしっかり書けたでしょうか。それができると，制限語数の面から見ても楽になるし，答案の論理性の面から見てもしっかりしたものになるはずです。

❸ **3文目**：賛成論同様，ここも具体例は個人的な体験風のものにしました。本問のような指定がないのなら，こうした個人的な体験を具体例に挙げるのはだいたい失敗のもとなので，「出る杭は打たれる」ということに関する，もっと誰でも思いつくような一般的な具体例を挙げたほうが無難です。

Words & Phrases | **解答** (問題 p.161)
① inferior　　② superior　　③ gap　　④ fair　　⑤ encourage

タイプ	描写する
テーマ	イラスト
出題校	早稲田大（法）

Write a paragraph in English explaining
what this image means to you.

✎ Write your answer.

_____

_____

_____

_____

_____

_____

_____

_____

_____

_____

💡 **❶ 主張：幸せの意味は人それぞれ**　　　　　▶解答例（1）→ p.166

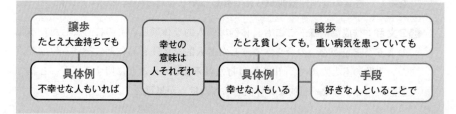

```
譲歩                      幸せの            譲歩
たとえ大金持ちでも         意味は            たとえ貧しくても，重い病気を患っていても
                        人それぞれ
具体例                                   具体例                手段
不幸せな人もいれば                         幸せな人もいる          好きな人といることで
```

💡 **❷ 主張：幸せになるのに大金持ちになる必要はない**　　　▶解答例（2）→ p.167

```
傍証                      幸せになるのに大金持ち        理由
花が1本咲いただけで喜ぶ      になる必要はない            大切に思える人と一緒にい
この絵の中の少女のように                               れば十分幸せになれるから
```

- このようなイラストを描写させる問題は，早稲田大（法），一橋大，東大などで出題歴がある。一橋大の場合はやや例外的だが，基本的には何も意味のない絵は出題されず，多くの場合，本問のように何か意味するところのある絵が出題される。

- 答案の中心になるのは，その「絵が意味するところ」を説明することであって，絵に描かれていることそのものを言葉で説明することではない。

- 語数に関して記載がないが，「パラグラフを１つ書け」とあるので，それほど長い文は求められていない。せいぜい 50 〜 60 語程度で十分だ。だとすると，やはり絵そのものの描写に語数は割けない。単刀直入に「絵の意味」を書けばよさそう。

英作文のコツ　その3

　今回の問題のイラストの意味するところは，素直に考えれば「幸せは人それぞれ」ということなのではないでしょうか。そして，「人によってそれぞれ，さまざま」ということを表現するのは，特に和文英訳では定番です。この機会にぜひ学んでおきましょう。

　例として，「教育に関する意見は人それぞれ」という日本語を英語で表してみます。

① Opinions about education differ [vary] from person to person.

② Different people have different opinions about education.

　①は，どちらかというと日本語をそのまま直訳しているので考え方としては楽です。differ または vary が「さまざまである」という動詞であり，これだけでもよいのですが，通例そのあとに from 〜 to 〜をつけて使います。from person to person なら「人によって」，from culture to culture なら「文化によって」のように。ただし，この表現では必ず無冠詞の単数名詞を使うことになっています。person も culture も可算名詞ですが，無冠詞になっているのがわかるはずです。

　それに対し，②はおもしろい表現ですが，日本語とは発想が異なっているので難しいかもしれません。different は「異なる」という意味の単語として知っていると思いますが，複数形の名詞を伴った場合は「さまざまな」という意味を持ちます。この複数名詞を伴う different を２回使うのが，この慣用的な言い回しの条件です。直訳すると「さまざまな人々がさまざまな意見を持つ」，これで「人によって意見はさまざまだ」となるという理屈です。

　どちらでも好きなほうを使ってみてください。

① 解答例(1)　幸せの意味は人それぞれ

❶ What this picture suggests is that what it means to be happy differs from person to person.　❷ In fact, rich people are not always happy, while some people, whether they are really poor or are dying of some fatal disease, feel happy just by being with someone they like.

(49 words)

❶**1文目**：今までも述べてきたとおり，具体的な答えを要求してくるような問題では1文目の書き方が大切です。もちろん，This picture suggests that SV「この絵は〜ということをほのめかしている」のように書いてもよいでしょうが，ここでは疑似分裂文を使って **What this picture suggests is that SV**「この絵がほのめかしているのは〜ということだ」というように書いてあります。

　また，**suggest** という動詞を使っていますが，mean など他の動詞でも構いません。ただ，suggest は「**ほのめかす**」，つまり「はっきり書かれているわけではないけれども〜ということをそれとなく言っている」という意味ですから，こうした問題にはちょうどよいことは間違いありません。

　そして，前ページで説明した表現を使って「幸せが何を意味するかは人それぞれ」ということを表しています。または，例えば **Different people feel happy for different reasons.**「いろいろな人がいろいろな理由で幸せを感じる＝人によって幸せを感じる理由はさまざま」のように書いてもよいでしょう。

❷**2文目**：「人それぞれ」という1文目の具体例です。肝心なのは **while** を使って，「〜の人もいれば〜の人もいる」ということを表していることです。接続詞自体は，while の代わりにもっと簡単に but でもよいでしょうが，ともかく1文目で「さまざまだ」と書いたわけですから，両極端な2つの事例を挙げるのは必然です。有名な **Some 〜 , others 〜**「〜の人もいれば〜の人もいる」のような慣用表現を使うのもよいかもしれません。

　もう一度イラストを見てみましょう。幸せそうな女の子は，何の理由もなく幸せであるわけではありません。ほかに何もないけれども，1本の花が咲いているので幸せなのです。この花は何を象徴しているのでしょう？　例えば彼女の好きな人かもしれません。解釈はいろいろあると思いますが，ここでは「好きな人と一緒にいられるだけで，たとえ貧しくても幸せ」のように書きました。

② 解答例(2) 幸せになるのに大金持ちになる必要はない

❶ What this picture suggests is that you don't have to be super-rich to be happy, because like one of the girls in this picture, who is happy just because her only flower has bloomed, you can be happy just by being with someone who is important to you.

(48 words)

❶1文目：解答例 (1) と似たりよったりかもしれませんが，「幸せの意味は人それぞれ」と書く代わりに，この例のように「幸せになるのに大金持ちになる必要はない」という書き方もできそうです。そして，せっかくイラストの中にその好例となりそうな女の子が描かれているので，それを**傍証**にしました。日本語で言えば，「花が1本咲いているだけで幸せそうな女の子のように，我々だって大切な人と一緒にいるだけで幸せになれる」ということです。

　基本的に，イラストには必ず象徴的なことが描かれているわけですから，つねに傍証は使えます。イラストを説明する問題が出題される可能性のある大学を受験予定の方は，もう一度 [Chapter 1] の傍証 (pp.30-33) を見直すことをオススメします。この解答例では前置詞の like を使いましたが，もちろん接続詞の as を使っても同様のことは表現できます。**As one of the girls in this picture is happy just because her only flower has bloomed, ...** のようになりますね。よく練習をしておいてください。

　ここからは補足です。「戦略」のところで述べたように，おそらくこの問題ではイラストそのものを説明することは求められていないと思われます。ですが，もしイラスト自体も説明するとしたら次のようになるでしょう。

You can see in this picture two girls, and one seems to be depressed even though her garden is full of beautiful flowers, while the other seems to be really happy just because her only flower has bloomed.

　これを最初に書いたあとで，先の解答例 (1) や (2) を続ければ，本当の意味で完結した文章になるでしょう。しかし，どんなに短く書いてもこれで40語程度あります。このあとに，例えば解答例 (1) を足すと合計100語近くになってしまうはずです。この問題の答案としては非現実的かもしれません。

　結局は，最初に述べたようにイラストに描かれているもの自体を描写するのは諦めて，解答例 (1) や (2) のようにイラストが表していると思われることを説明することに集中したほうがよさそうです。

[Chapter 4]

自由英作文で使う
頻出語彙 154

この章のねらい

　本書の［Chapter 1］では英語で論理的な文を組み立てるためのさまざまな道具を学びました。実はもう1つ「道具」があります。それは語彙です。ここからは自由英作文で使うことが多い頻出語彙を学んでいきます。

　みなさんは英語を読むための頻出語彙を，いろいろな単語集で勉強していることと思いますが，英語を書くための頻出語彙もあるわけです。それほどたくさんの語彙は掲載できませんが，その代わりに語法など詳しく説明を載せてあります。ぜひ書くための語彙を学んでください。

　自由英作文で「書くことが思いつかない！」と嘆く受験生をよく見かけますが，正確には「自分の使える語彙で書くことが思いつかない」だけです。語彙を拡充すればその悩みは必ず軽減されます！

使える語彙を
増やそう！

☐ AI will improve our quality of life.

　　（AI は我々の生活の質を高めてくれる）

☐ With the progress of information technology, our quality

　 of life has declined rather than improved.

　　（IT の進歩とともに，我々の生活の質はよくなったというよりもむしろ悪くなった）

▶ p.172　improve は自動詞「よくなる」でも，他動詞「～をよくする」でも使えるが，逆の意味の decline は自動詞「悪くなる」でしか使えないので注意。

01 自由英作文最頻出・基本語彙

■■ 001 賛成する　　　　agree with 〜

　自由英作文に一番よく使いそうな 動詞が **agree with 〜**「〜に賛成する」です。
agree with the opinion that 〜（that 〜は同格の that 節）のように使うのがオスス
メです。

☐ **I agree with the opinion that elderly people should give up their driver's license.**

（私は高齢者は運転免許証を放棄（返納）すべきという意見に賛成です）

■■ 002 反対する　　　　disagree with 〜

　「〜に賛成する」を表す agree with 〜の反対は **disagree with 〜**です。もちろん，
agree with 〜を否定文で使っても同じことが表せます。

☐ **I disagree with the opinion that high school students should be obliged to do some volunteer work.**

（私は高校生が何らかのボランティア活動をすべきという意見に反対です）

■■ 003 道理にかなっている，　make sense
つじつまが合う

　何かの提案に対して賛成論を書くときに，必ずしも「〜に賛成です」と書く必要は
ありません。「**〜は道理に合う**」のように書いてもよいですよね。この表現は賛成する
ときにぜひ使ってください。

☐ **It makes sense to oblige cyclists to wear a helmet.**

（自転車に乗る人にヘルメットを着用することを義務づけるのは道理に合う）

■■ 004 非合理である，　　be absurd / be unreasonable /
ばかげている　　　　be irrational

　何かの提案に反対するときに使ってください。もちろん，make sense を否定文に
して **it doesn't make senses ...**「…は道理に合わない」のように書いてもよいです。
ここにいろいろな形容詞を挙げました。それ以外にも **not be fair**「ずるい」，**be
unrealistic**「非現実的である」，**be wrong**「間違っている」など，反対するときに使

える形容詞は山ほどあります。自分が述べたい内容をうまく表す語彙が使えるとよいです。語彙の精度の高さのようなものも採点官は見ていますので。

□ It would be absurd to prohibit high school students from bringing their cellphones to school.
（高校生が学校に携帯電話を持ってくるのを禁じるなんて，ばかげている）

■■ 005 ┃ よいこと・悪いこと ┃ a good thing・a bad thing

賛成するときに「～はよいこと・悪いこと」という言い方も，日本語と同様にごく普通に使われます。「～はよい」と言えばよいのに，「～はよい<u>こと</u>」のように言うのも日本語に似ています。

□ It is a good thing that the voting age has been lowered to 18.
（選挙権を持つ年齢が18歳に引き下げられたのはよいことです）

■■ 006 ┃ 長所 ┃ an upside / a pro / a good thing / an advantage / a merit

何かの意見に賛成か反対かを尋ねてくる問題と同じくらい，何かの長所や短所を述べさせる問題も自由英作文の定番です。「**長所**」「**短所**」を表す名詞はたくさんあります。日本語にも外来語として「メリット」「デメリット」がありますが，それだけではありません。ここに挙げた同類語については，なるべく覚えておきましょう。

□ One upside of online education is that you don't have to go to school to attend class.
（オンライン教育の長所の１つは，授業に出席するのに学校まで行かなくてよいということだ）

■■ 007 ┃ 短所 ┃ a downside / a con / a bad thing / a disadvantage / a demerit

006 の「長所」に対して，それぞれ対になる意味の名詞を挙げました。「短所」「長所」を意味する名詞はセットで覚えておきましょう。

□ One downside of online education is that students struggle to strike up relationships with other students because they see each other only online.
（オンライン教育の短所の１つは，学生たちが人間関係を作るのに苦労することだ。というのも，お互いにオンラインでしか会わないからだ）

■■ 008 よくなる, よくする　　　improve

「天気がよくなる」「成績がよくなる」「経済がよくなる」「生活の質がよくなる」など何でも使える便利な動詞。さらには**自動詞**「よくなる」でも, **他動詞**「〜をよくする」でも使えます。

☐ **AI will improve our quality of life.** （AI は我々の生活の質を高めてくれる）

■■ 009 悪くなる　　　decline

improve「よくなる」の逆は decline です。セットで覚えておきましょう。ただし, decline は「**悪くなる, 悪化する, 劣化する**」という**自動詞**でしか使えません。

☐ **With the progress of information technology, our quality of life has declined rather than improved.**

（IT の進歩とともに, 我々の生活の質はよくなったというよりもむしろ悪くなった）

■■ 010 悪くする　　　deteriorate

残念ながら decline は「悪化する」という自動詞でしか使えず,「**〜を悪化させる, 悪くする**」ということを言い表すためには **deteriorate** というやや難しい動詞を使わなくてはなりません。どうしてもそれが嫌なら **worsen** のほうが覚えやすいかもしれません。worse「さらに悪い」の動詞形なので,「**さらに悪化させる**」という意味にはなってしまうのですが。

☐ **The progress of information technology has deteriorated our quality of life.**

（IT の進歩が我々の生活の質を低化させた）

■■ 011 影響を与える　　　have an effect on 〜

受験生は「影響」「影響を与える」というと influence を最初に思い浮かべるようですが,「**影響**」という名詞は **an effect**。「**〜に影響する**」は **affect** のほうが普通です。名詞と動詞が紛らわしいので注意。

また, 名詞なら **have an effect on 〜**で「**〜に影響を与える**」ですが, affect の場合は他動詞なので on は不要です。名詞・動詞のどちらを使っても同じですが, **よい影響**, **悪い影響**など形容詞をつける場合は名詞を使い, **have a good [bad] effect on 〜**のように書くのがよいでしょう。

☐ **Playing video games all the time has a bad effect on your health.**
（テレビゲームをしてばかりいることは，あなたの健康に悪い影響を与える）

■■ 012	人に害を与える	harm ＋人

〈do ＋人＋ harm〉「人に害をもたらす」のような名詞 harm を使った表現が有名ですが，もっと単純に，harm を「〜を害する」という動詞として使うことができます。タバコの害のような肉体的な害にも使えるし，「アルバイトをしすぎると勉強ができない」というような幅広い意味の「害」にも使えます。

☐ **Working part-time a few days a week doesn't harm you.**
（週に数日アルバイトをしても害にはならない）

■■ 013	人に恩恵を与える	benefit ＋人
	物から恩恵を得る	benefit from 〜

012 動詞 harm のちょうど反対。同じように「物」を主語にして使うこともできますし，「人」を主語にして benefit from 〜「〜から恩恵を得る」のように使うこともできます。例えば下の例文のように，同じことを 2 種類の言い方で述べることができます。また，名詞でも benefit は「恩恵」であり，profit「もうけ（主に金銭面）」とは区別してください。

☐ **Being able to speak English benefits you.**
　= You can benefit from being able to speak English.
（英語が話せることで恩恵がある）

■■ 014	有害な	be harmful to 〜

012 harm の形容詞形もよく使うので確認をしておきましょう。ちなみに下の例文にあるように，日本語の「身体」は，たいていの場合 body ではなく health が適訳です。

☐ **Junk food is harmful to your health.** （ジャンクフードは身体に悪い）

■■ 015	引き起こす，〜につながる	cause / lead to 〜

何かが原因になって何かを「引き起こす」という意味の動詞はたくさんありますが，とりあえず cause と lead to だけでも使えるようになっておきましょう。

cause は「引き起こす」，lead to 〜は「〜につながる」。この日本語訳でわかるように
おおよそ同義語と言えますが，前者は「すぐに」，後者は「長期的に」そうなると
いうくらいのニュアンスの違いがあります。ちなみに lead to の **to は前置詞です**。

☐ **Eating too much junk food can cause obesity.**

≒ **Eating too much junk food can lead to obesity.**

（ジャンクフードの食べ過ぎは肥満を引き起こす（につながる））

■■ 016　受ける　　　　　　　　get / take

「（物を）受け取る」のは receive でもよいでしょうが，「（サービスを）受ける」は英
語ではたいていの場合 get を使うというのは知っておいてよいでしょう。「高等（大
学）教育を受ける」get a higher (college) education，「年金を受け取る」get a
pension，「手術を受ける」get surgery など。

　ただし，「試験を受ける」や「授業を受ける」は take を使い，それぞれ **take an
exam**，**take a class** と言います。

☐ **It is everyone's right to get a higher education.**

（高等教育を受けるのは万人の権利だ）

■■ 017　受け入れる　　　　　accept

「同性婚」「安楽死」「移民」「自分とは違う価値観」などは日本語でも「受け入れる」
と言います。新しい文物を許容するという意味合いです。英語ではまさにそれを
accept で表します。

☐ **It is necessary for society to accept same-sex marriage.**

（社会が同性婚を受け入れることが必要だ）

■■ 018　使う　　　use / speak / spend / take / drive / ride

　日本語の「使う」という動詞は「パソコンを使う」「英語を使う」「時間を使う」「乗り
物を使う」など守備範囲の広い動詞ですが，英語の use がその守備範囲をすべて賄え
るわけではありません。use を使うのはあくまでも「道具を使う」のときだけです。

　次の表を参考にして，「使う」の英訳をいろいろな動詞で使い分けてください。

■ 「使う」の英訳

☐ 道具	use	use a computer
☐ 言語	speak	speak English
☐ 時間	spend	spend three hours
☐ お金	spend	spend ten thousand yen
☐ 公共交通機関	take	take a train
☐ 車	drive	drive (a car)
☐ 自転車	ride	ride (a bike)

自由英作文で使う機会が多い **spend** の使い方も身につけましょう。

☐ spend ＋お金／時間＋ on ＋物	物にお金／時間を使う
☐ spend ＋時間 ~ing	～するのに時間を使う

☐ **Students should not spend too much time studying English.**

（学生はあまりに多くの時間を英語の勉強に使うべきではない）

■■ 019 　浪費する・～のむだ　　waste・a waste of ～

018 の spend と同じ使い方で，**waste**「浪費する」という動詞も使えます。つまり，〈**waste ＋お金／時間＋ on ＋物**〉または〈**waste ＋時間 ~ing**〉で「～にお金／時間を浪費する」となるわけです。また，waste は**名詞**として使うこともできます。「お金のむだ」「時間のむだ」「資源のむだ」などすべて a waste of ～です。ただし，「税金のむだ」だけは直訳ではなく，**a waste of taxpayers' money**「**納税者たちのお金のむだ**」と言うのが普通です。

☐ **People should not waste too much time browsing (on) the internet.**

（ネットを見るのに人はあまりに多くの時間を浪費すべきではない）

☐ **Browsing (on) the internet is a waste of time.** （ネットを見るのは時間のむだだ）

■■ 020 　（時間やお金が）かかる　　take / cost

take は時間などに広く使い，〈**take ＋（人＋）物**〉で「（人に）物が必要とされる」。cost は主に金銭面に関して使い，〈**cost ＋（人＋）お金**〉で「（人に）お金がかかる」。

☐ **It takes patience and hard work to learn a language.**

（言語をマスターするには忍耐強さと勤勉さが必要とされる）

■■□ 021 出費　　　　　　　　　　an expense

「出費」をcostと書いてしまう人が多いようです。costは「経費」。「出費」は，expensive「高価な」の名詞形であるexpenseが適当です。medical expenses「医療費」やeducational expenses「教育費」など，使う機会はたくさんありそうです。

☐ **Tuition must be made free because it is a huge burden on students and their parents to pay for educational expenses.**
（授業料は無償化されるべきだ。というのは教育費の支払いは学生とその親への大きな負担だからだ）

■■□ 022 可能性が高い　　　　　　be likely to do

「可能性」を表す名詞はlikelihoodなどですが，be likely to doを使うと便利です。特に下の例文のように比較級にすると，英作文では利用価値が高いはずです。

☐ **You are more likely to get chronic diseases by eating too much.**
（食べすぎることで慢性病（生活習慣病）にかかる確率が高まる）

■■□ 023 必要だ　　　　　　　　be necessary

「必要」はもちろんnecessaryでよいのですが，「必要な」や「重要な」を表す形容詞の後に続くthat節の中では必ず**動詞の原形**を使わなければいけないという文法を覚えておいてください。「**要求する**」を表すdemandや「**提案する**」を表すsuggestなどと同様です。もちろん，to不定詞を使えば何の問題もないのですが，that節を使った場合は要注意です。

☐ **It is necessary for everyone to realize how precious the environment is.**
= It is necessary that everyone realize（× realizes）how precious the environment is.
（環境がどんなに貴重かを，誰もが気づくことが必要だ）

■■□ 024 ストレスがたまる　　　stressful / stressed

間違いやすい形容詞として有名です。exciting / exitedを使い分けるように両者を使い分けます。**ストレスを与える**物を修飾するときには**stressful**，逆にストレスを与えられた人を修飾するときには**stressed**を使います。

☐ **It is stressful for elementary school children to have to study English in addition to other subjects.**

（小学生がほかの科目に加えて英語も勉強しなければいけないのは，ストレスがたまることだ）

■■ 025	懸念がある	there is concern about ～ / my [the] concern is that SV

　動詞としては worry about ～ で「～について心配する」という表現がありますが，concern は動詞として×concern about ～「～について心配する」というふうに使うことはできません。ただし，**concern は名詞として「懸念」**という意味で使えます。

☐ **E-money is a convenient way of payment, but there is concern about security.**

（電子マネーは支払いに便利な方法だけれど，安全上の懸念がある）

■■ 026	あてになる	reliable

　自由英作文で一番よく使う形容詞かもしれません。ネット情報があてになる，天気予報があてになる，人の言うことがあてになるなど，いろいろなものに関して使えます。言うまでもなく，rely (on) ～「（～に）頼る」の形容詞形です。

☐ **Not every piece of information on the internet is reliable.**

（ネット上のすべての情報があてになるわけではない）

■■ 027	生活の質	the quality of life

　お金に換算できない精神的な豊かさを表したいときにはこれを使いましょう。すでに掲げた improve「よくなる，よくする」や decline「悪化する」などの動詞と組み合わせるのがよいでしょう。the quality of life「生活の質」とは逆に，**物質的な豊かさは the standard of living「生活水準」**で表します。両者は対義語と言ってよいでしょう。

☐ **If you work too hard and don't have enough time to relax, your quality of life declines.**

（もしも働きすぎてのんびりする時間が十分にないと，生活の質は劣化する）

■■ 028 　〜を考え直す　　　　　rethink

re+think からできているのがすぐわかるでしょう。**think** が think about 〜など
のように**自動詞**として使われるのに対し，**rethink** は**他動詞**です。reconsider でも構
いません。

□ **We should rethink the concept of family.**
　（我々は家族という概念を考え直さなければならない）

■■ 029 　〜を見直す・考え直す　　review / revise

review と revise は，どちらも似たような成り立ち（re-「もう一度」+ view / vise
「見る」）で，だいたい同義語と思ってよいです。あえて言えば，**review** はまさに
「**見直す**」だけなのに対して，**revise** は「**見直して変える**」というニュアンスまで含
みます。

□ **We should review the law regarding marriage.**
　（我々は婚姻に関する法律を見直すべきだ）

■■ 030 　防ぐ　　　　　　　　　prevent

〈**prevent ＋人＋ from 〜**〉「**人が〜するのを妨げる**」という熟語の形で受験生はよく
暗記していますが，「妨げる」だけではなく「**防ぐ**」も同じ単語で表せることに意外に
も気づいていない人が多いように思います。また，単に〈**prevent ＋物**〉「**物を防ぐ**」
という形で使ってももちろん問題ありません。

□ **Wearing a helmet is one way to prevent a serious injury when you
ride a bike.**
　（ヘルメットを着用することは，自転車に乗るときに重大なけがを防ぐ1つのやり方だ）

■■ 031 　優先的にすべきこと　　priority

「まず〜を先にしてよ」と言いたいときに使いましょう。

□ **The priority for the government is to make college education
available to students from poor families.**
　（政府が優先的にすべきことは，貧しい家庭出身の生徒に大学教育が受けられるようにすることだ）

■■ 032　許す　　allow ~ing / allow ＋人＋ to do

何かを許可すべきかどうかというのも，自由英作文では伝統的によく尋ねられます。まず，「許す」は **allow** を使うのがよいですが，問題はその使い方です。次の表に基づいて使ってください。

▌allow「許す」の使い方

□ ① 特定の人に許す	allow ＋人＋ to do	**allow** students **to have** a part-time job （学生がバイトをすることを許す）
□ ② 一般的に許可する	allow ~ing	**allow smoking** in restaurants （飲食店での喫煙を許す）

受け身で使う機会が多いはずですが，上の２つの語法をどちらでも正しく使ってください。それぞれに関して受け身にした形で例文を載せます。

▌例文（受け身）

□ ①「人」を主語にして be allowed to do	Students should **be allowed to have** a part-time job. （学生たちはバイトをすることを許されるべきである）
□ ② ~ing を主語にして be allowed	**Smoking** in restaurants should not **be allowed.** （飲食店での喫煙は許されるべきではない）

■■ 033　禁止する　　prohibit ~ing /
prohibit ＋人（＋ from）~ing

「禁止する」を表す動詞はたくさんありますが，とりあえず prohibit を覚えておけばよいでしょう。ただし，これも使い方を正確に。allow と用法が似ていますが，次の表で確認してください。

▌prohibit「禁止する」の使い方

□ ① 特定の人に 禁止する	prohibit ＋人＋ from ~ing	**prohibit** students **from bringing** their cellphones to school （学生が学校に携帯電話を持ってくることを禁止する）
□ ② 一般的に 禁止する	prohibit ~ing	**prohibit smoking** in restaurants （飲食店での喫煙を禁止する）

前ページの①と②それぞれの受け身での例文を挙げます。

▌例文（受け身）

□ ①「人」を主語にして 　 be prohibited from 　 ~ing	Students should **be prohibited from bringing** their cellphones to school. （学生は学校に携帯電話を持ってくることを禁じられるべきだ）
□ ② ~ing を主語にして 　 be prohibited	**Smoking** in restaurants should **be prohibited**. （飲食店での喫煙は禁じられるべきだ）

■■ 034　義務づける　　　　oblige ＋人＋ to do

「ヘルメット着用義務化」など，「義務づける」も自由英作文では必須の単語です。同類語はたくさんありますが，まずはその使い方も含め，oblige を知っておきましょう。〈oblige ＋人＋ to do〉「人が～するように義務づける」という第 5 文型で使うのが最も一般的です。同義語で同じように使う動詞として〈force ＋人＋ to do〉「人が～するよう強制する」，〈compel ＋人＋ to do〉「人が～するよう強いる」などがあり，どれを使っても構いません。下に挙げるのは受け身で使った例文です。

□ **Bicycle riders should be obliged to wear a helmet.**
（自転車に乗る人はヘルメットを着用することを義務づけられるべきだ）

■■ 035　人に物を強制する　　　　force ＋物＋ on ＋人

034 の解説に挙げた force ですが，〈force ＋人＋ to do〉「人が～するよう強制する」という使い方以外に〈force ＋物＋ on ＋人〉「人に物を強制する」という使い方もできます。これはこれで便利です。

□ **It is wrong to force <u>volunteer work</u> on every student.**
（すべての学生にボランティア活動を強制するのは間違いだ）

■■ 036　義務的な，必須の　　　　mandatory / compulsory

「～を義務化する」を表現するのに，上記の oblige などの動詞を使う代わりに形容詞を使うこともよくあります。mandatory や compulsory という「義務的な，必須の」という意味の形容詞を使って，**make ～ compulsory**「～を必須にする＝義務化する」のように表します。

□ **Wearing a helmet should be made** mandatory **for cyclists.**

（ヘルメットを着用することは自転車に乗る人に義務とされるべきだ）

■■ 037 | 合法化する　　　　　　legalize

　同性婚の問題などで使われます。形容詞形の **legal** は「**合法的な，法律上の**」という意味で，例えば自動運転の車の問題点を論じるような問題で「事故を起こしたときに法律上の問題 (legal problems) が生じる」などと書くときに使いますが，その legal の動詞形がこの **legalize** です。

□ **Same-sex marriage should** be legalized **in Japan too.**

（同性婚は日本でも合法化されるべきだ）

■■ 038 | 無償化する　　　　　　make ～ free（of charge）

「**無償化する**」という動詞は英語にはないので，形容詞を使って表現します。「**無料の**」という形容詞は単に **free** か，**free of charge** と言います。

□ **College education should** be made free（of charge）**.**

（大学教育は無償化されるべきである）

■■ 039 | ～に…を課す　　　　　　impose ＋物＋ on ＋人・物

　タバコに高率の税金を課しているように，甘いものやジャンクフードにも税金を課したらよいのではないかというような自由英作文のテーマもよくあります。

□ **They should** impose **a high tax** on **sugary foods and drinks.**

（甘い食べ物や飲み物には高率の税金を課すべきだ）

■■ 040 | 人が～する気にさせる　　encourage ＋人＋ to do
**　　　　（励ます，助長する）**

　ここからは「禁止」「義務化」「無償化」などに対する賛成論，反対論を書くときに使えそうな語彙を取り上げます。まずは，〈**encourage ＋人＋ to do**〉です。受験生のみなさんにはおなじみの語彙とは思いますが，ぜひ次の例文を参考に使ってみましょう。〈**help ＋人＋（to）do**〉「人が～するのを手助けする」や〈**motivate ＋人＋ to do**〉「人に～するやる気を起こさせる」なども同様に使えることにも気づくはずです。

☐ **If college students are obliged to study abroad, it will encourage them to study a foreign language.**

（もし大学生が留学することを義務づけられたら，そのことは彼らが外国語を学ぶのを助けることになるだろう）

■■ 041 人が～する気をなくさせる　discourage ＋人＋ from ~ing

040〈encourage ＋人＋ to do〉のちょうど逆がこの〈discourage ＋人＋ ~ing〉です。

☐ **If the prices of sugary drinks were raised, it would discourage people from drinking them.**

（もし甘い飲み物の価格が引き上げられたら，そのことは人がそれを飲む気持ちをなくさせるだろう）

■■ 042 やりすぎ　go too far

　留学やボランティア活動はよいことに決まっていますが，かといってそれをすべての学生に強制するとしたら，まさに「やりすぎ」です。そうした反対意見を書くときには，反論に使う表現を知っていることが欠かせません。

☐ **Even if doing volunteer work is a good thing, it would go too far if you forced it on every student.**

（たとえボランティア活動がよいことだとしても，すべての学生にそれを強制するのはやりすぎだ）

■■ 043 侵害する・～への侵害　intrude on ～・an intrusion on ～

　042 の「やりすぎ」ですが，もう少し難しい言葉を使えば，「権利や自由への侵害」ということです。こちらも知っていると便利な表現です。

☐ **It would be an intrusion on students' freedom to force volunteer work on them.**

（学生にボランティア活動を強いるのは，学生の自由への侵害だ）

■■ 044	～する（金銭的・時間的）な余裕がある	can afford to do / can afford ＋名詞

かなりよく見る単語ですが，英作文で使う人は少ないように感じられます。例えば，ボランティア活動を学生に強制するかどうかを問うような英作文問題で「それはやりすぎ」と言うとしたら，その理由はこれを使って下の例文のように表現することになるはずです。助動詞 can（否定文ならもちろん cannot）をつける必要があることを忘れないようにしてください。また，to 不定詞を目的語にとる形が有名ですが，名詞も目的語にとれます（例：afford <u>a new car</u>「新車を買う余裕がある」）。

☐ **It would go too far to force volunteer work on every student because not every one of them can afford to do it.**

（ボランティア活動をすべての学生に強制するのはやりすぎだ。というのも，みながそれをする余裕があるとは限らないからだ）

■■ 045	～への負担	a burden on ～

043 の「～への侵害」と同じような意味合いで，この表現も反対論に使えそうです。

☐ **If you are forced to do volunteer work, it will be a heavy burden on your school life.**

（もしボランティア活動を強制されたら，それは学生生活への大きな負担となるだろう）

■■ 046	面倒（なこと）	a hassle / a nuisance

同類語はたくさんありますが，一番よく使われるのは **a hassle** です。**045** の「負担」と似た表現ですが，日本語でも「負担」に比べると「面倒」は少し個人的な，自分勝手な言い分に聞こえるのと同様，英語でも下の例文のように譲歩に使うくらいがちょうどよいでしょう。

☐ **It may seem to be a hassle to bring your own bag every time you go to a supermarket, but it is really important to reduce the use of plastics.**

（スーパーに行くたびにマイバッグを持って行くのは面倒に思えるかもしれないけれども，プラスチックの使用を削減するのは本当に重要だ）

賛成論に使える語彙ももっと学んでおきましょう。スーパーなどのレジ袋有料化に賛成するとしましょう。レジ袋の存在自体が（マイクロプラスチック化することで）環境に悪影響を与えるものかもしれませんが，一罰百戒というように，有料化の法律があることで，もしかしたら教育効果，つまり人々の意識を向上させる役割をするかもしれません。このように広く使える表現です。

☐ **This new law can help raise people's awareness of the environment.**
（この新しい法律が人々の環境への意識を向上させるかもしれない）

日本語でもしばしば耳にするのではないでしょうか。反対語は **a sanction**「制裁」です。まさに両者はアメとムチの関係です。セットで覚えておきましょう。

☐ **There should be an incentive for elderly people who give up their driver's license, like free taxi tickets.**
（運転免許証を放棄（返納）した高齢者には，無料のタクシー券のような報奨があるべきだ）

強制はよくない，自分で決めるべきという反対論に使えそうな表現です。

☐ **It is up to students to decide what to wear to school.**
（学校に何を着ていくかを決めるのは生徒自身だ）

049 と同じような意味で使えます。

☐ **It should be left to students to decide what to wear to school.**
（学校に何を着ていくかを決めるのは学生に任されるべきだ）

03 学び・学問の意義に関する語彙

■■ 051 ～に気づく realize

英作文の初心者は,「気づく」というと notice を使う傾向があるようです。**notice** はあくまでも「**目で見て気づく**」というときにだけ使います。「洋服にしみがあるのに気づく」とか「誰かがあとをつけてくるのに気づく」などには使ってもよいでしょうが,「健康が大切だと気づく」のようなときには不可。**realize** を使ってください。

☐ **By actually getting exercise, you realize how it affects your health.**
(実際に運動することで,どのように運動が健康に影響を与えるか気づくものだ)

■■ 052 ～をマスターする learn

study と learn は類義語に見えますが,ある意味かなり対照的な 2 単語です。**study** は「**勉強する**」という**過程**を表し,**learn** は「**身につける**」という**結果**を表します。下の例文を見ると,その違いがよくわかるはずです。よく「英語をマスターする」などと日本語で言いますが,その場合に使うべき語は master ではなく learn が適切です。

☐ **Many Japanese people, although they study English for many years in school, complain that they haven't really learned it.**
(多くの日本人は学校で何年も英語を学んでいるのに,実際はマスターできなかったとこぼす)

■■ 053 ～できるようになる learn to do

learn は使い勝手がよい動詞です。目的語として to 不定詞をとり,「～することを身につける＝～できるようになる」ということを表せます。**learn to speak English, learn to ride a bike** など,いろいろな動詞と組み合わせて使えます。

☐ **If you want to learn to speak English, one good way is to study abroad.**
(もし英語が話せるようになりたかったら,1つのよい方法は留学することだ)

■■ 054　〜について直接学ぶ　　learn about 〜 firsthand

　learn は他動詞として使うだけではありません。子どもが森や川で遊びながら「自然について学ぶ」，若者が一人で苦労して海外を旅行し「外国文化について学ぶ」など，学校の勉強ではなく実体験に基づいて学ぶとき，日本語では「〜について学ぶ」と言いますが，英語でもそういうときには learn about 〜を使います。ついでに，副詞「直接に」firsthand も一緒に覚えておくとよいでしょう。

☐ **By traveling abroad, you can learn about diverse cultures firsthand.**
（海外を旅することで，多様な文化について直接学ぶことができる）

■■ 055　〜する機会を与えてくれる　　provide an opportunity to do

　これも自由英作文では便利に使える表現です。「機会」は a chance より an opportunity が普通です。「与える」は give でもよいですが，provide のほうがはるかに一般的です。これらは決まり文句として覚えておいたほうがよいです。

☐ **Zoos provide opportunities to learn about wildlife firsthand.**
（動物園は野生生物について直接学ぶ機会を与えてくれる）

■■ 056　味わう　　appreciate

　この appreciate という単語を「感謝する」という意味だけで覚えている人が多いようですが，もともと price「値段」と同じ語源の単語です。「〜の真価を理解する，評価する，味わう」という意味も覚えて，ぜひ使ってもらいたいものです。

☐ **To really appreciate a literary work, you have to read it in the language in which it is originally written.**
（文学作品を本当に味わうためには，それがもともと書かれた言語で読む必要がある）

■■ 057　成長する，成熟する　　grow

　grow up は，あくまでも「子どもが大人になる」ことを表します。すでに大人になっている人がさらに「一皮むける」ことを表すには grow を使います。mature でもよいです（mature は「成熟した」という意味の形容詞としても使えます）。

☐ **By overcoming hardships, you can grow.**
（困難を克服することで人は成長できる）

■■ 058 達成感を感じる **feel a sense of achievement**

feel a sense of ～はさまざまに使えます。例えば，**feel a sense of responsibility [guilt / unity]「責任感 [罪悪感，一体感] を感じる」**などです。

☐ **When you have improved your language skills even a bit, you feel a sense of achievement.**
（語学力が少しでも上がると，達成感を感じられる）

■■ 059 視野を広げる **broaden one's view
[mind / perspective / horizon]**

かなり有名な表現ですが，実際にいろいろな場面で使えます。また，[ ] 内に挙げたように「視野」を表す語彙はたくさんあります。

☐ **By studying abroad, you can broaden your mind.**
（留学することで視野を広げることができる）

■■ 060 人格を形成する **build one's character**

英作文初心者はなぜか「性格」を characteristic と書きがちなのですが，これは「特徴」を表す語であり，「性格」は character です。「特徴」とは怒りっぽいとか忍耐強いといった個々の特性であり，そうしたものを全部合わせて「**性格，人格**」character と呼びます。そういうわけで「人格」も character です。

☐ **Reading the classics helps you build your character.**
（古典を読むことは人格形成に役立つ）

■■ 061 好奇心を満足させてくれる **satisfy (one's) curiosity**

宇宙物理学や漢文のような，一見，実用性がなさそうな研究や学問の意義を書かせるタイプの自由英作文が最近増えています。そうした問題には，このページで挙げた「視野を広げる」，「人格を形成する (のに役立つ)」，「好奇心を満足させてくれる」あたりを書くのがよいです。それらを表す語彙を学んでおきましょう。

☐ **Even if space exploration doesn't have any practical use, only if it satisfies our curiosity, it has a meaning.**
（たとえ宇宙探査が何の実用性もないとしても，もし我々の好奇心を満足させてくれさえするなら意味がある）

062　実用性がある　　　have (immediate) practical use

061 に書いたような学問の実用性を問う問題では必須の表現です。おそらく,「た
とえ実用性がなくても」のように譲歩に使う機会が多くなるでしょう。ここに挙げた
表現でもよいし, もっと簡単に be useful とか be immediately useful などでもよ
いです。

☐ **Even if reading the classics doesn't have any immediate practical use,
it helps build your character.**

（たとえ古典を読むことがすぐに実用性がないとしても, 人格形成に役立ってくれる）

063　（〜する）やる気が出る　　get motivated (to do)

「やる気」のことを日本語でもモチベーション (motivation) と言いますが,
motivate は他動詞で〈motivate ＋人＋ to do〉「人に〜するやる気を起こさせる」。
これを get motivated to do というように受け身にして使うことが多いです。**get
inspired to do** と言ってもほぼ同じことを表せます。

☐ **By traveling abroad for just a few weeks, you get motivated to learn
about different languages, religions and cultures.**

（ほんの数週間海外旅行をするだけでも, さまざまな言語・宗教・文化について学ぼうという気に
させられる）

064　元気・活気を与える　　energize

「物」を主語にして能動態で使ってもよいし,「人」を主語にして 063 同様に get
energized (to do)「（〜する）元気をもらう」のように受け身で使ってもよいです。

☐ **Taking a rest is important; in fact I feel energized after a relaxing
weekend.**

（休息を取るのは重要だ。実際, くつろいだ週末のあとは元気が出てくる）

04 インターネット・人工知能（AI）など テクノロジーに関する語彙

■■ 065 人間の労働力に取って代わる　replace human labor

テクノロジーの中でも特に **AI の功罪** に関する問題が増えることが予想されます。まず，ネガティブな側面とそれを表す語彙から始めましょう。その筆頭は，誰でも思いつきますが「AI が人間の仕事を奪ってしまう」ということです。いろいろな表現がありますが，ここに挙げたような言い方が一般的です。

☐ **My concern is that AI will** replace human labor **because it surpasses us in every respect.**

（私が心配するのは AI が人間の労働力に取って代わってしまうことだ。というのも，AI は人間をすべての点で凌駕するからだ）

■■ 066 生成型 AI　generative AI

AI は生成型 AI が出現したことで，また別の段階に移りました。生成型 AI というのは人間の注文に応じて文章を書いてくれたり，画像を作ってくれたりするようなタイプの AI です。まずは，それを英語で定義できるように語彙を確認しておきましょう。

☐ **Generative AI is a type of AI which is able to create content, such as texts, movies, and fabricate data.**

（生成型 AI というのは文章や動画のようなコンテンツを作り出し，データを捏造することができるタイプの AI だ）

■■ 067 悪意のある　malicious

AI を悪用するということを書くとして，主語を何にするのか困りますよね。犯罪者なら a criminal，詐欺師なら a swindler ですが，犯罪とまではいえないけれど，ちょっとしたことで AI を悪用する人もいるでしょう。「悪意のある人」とでも言うのが一番広く事象を捉えていてよさそうですが，「悪意のある」という形容詞はなかなか難しいです。一番簡単な語としては bad。これでもよいです。もう少し難しい単語なら evil。malicious はそれらに比べるとちょっと難しい語ですが，よく使われます。

☐ **Malicious people can misuse generative AI.**

（悪意のある人が生成型 AI を悪用しようとするかもしれない）

■■ 068　悪用する　　　abuse / misuse

「悪用する」はここに挙げた２つの動詞，どちらでも可。語幹を見れば，どちらも use から来ているのがわかるはずです。

☐ **Some people want to misuse AI.**
　（AI を悪用しようという人もいる）

■■ 069　偽のコンテンツ　　　a deepfake

　特別な技術がなくても，生成型 AI を使えばまことしやかな迷惑メール（spam）や有名人のスキャンダラスな偽画像などもあっという間に作れてしまいます。こうした**偽コンテンツ**を総称して **a deepfake** と言います。deep は「深い」という原義ではなく，AI の自己学習能力を表す「深層学習」deep learning からきたものと思えます。下に挙げた例文で，それ以外の語彙も学んでください。

☐ **With generative AI, everyone can create deepfakes easily: if you want to get an academic degree, you can make AI write a thesis for you, and a politician can make a scandalous fake image to undermine the opponent's reputation.**
　（生成型 AI があれば，誰でも偽のコンテンツを簡単に作ることができる。学位が欲しければあなたに代わって AI に論文を書かせることもできるし，政治家は政敵の評判を落とすためにスキャンダラスな偽画像を作ることもできる）

■■ 070　偏見に満ちた・矛盾する　　　biased・inconsistent

　たとえ使う人に悪意がなくても，生成型の AI が勝手におかしなコンテンツを作ってしまうかもしれません。それを表す形容詞は p.177で学んだ reliable の反対語である **unreliable**「あてにならない」でもよいのですが，それ以外にもいくつか形容詞が思いつけるようになるとよいです。

☐ **Contents that generative AI creates can be unreliable, biased or inconsistent and can cause confusion.**
　（生成型 AI が作り出すコンテンツはあてにならなかったり偏見に満ちていたり，矛盾していたりして，その結果，混乱を引き起こすかもしれない）

■■ 071　生産性を向上させる　increase [enhance] our productivity

AI（生成型に限らず）のよい点を考えてみましょう。まずは一言で言えば、**生産性の向上につながる**ということです。我々人間がやろうとしたら非常に多くの時間がかかるようなことを、AI は短時間でやってくれたりするわけですから。漠然としているかもしれませんが、うまく具体例などと一緒に書けるなら、使用範囲が広い表現でしょう。

04　インターネット・人工知能（AI）などテクノロジーに関する語彙

☐ **AI increases our productivity because it can do anything much faster than we humans.**
（AI は我々の生産性を向上させてくれる。というのも、どんなことでも我々人間よりはるかに速く実行してくれるからだ）

■■ 072　日常生活に応用される　be applied to our daily lives

AI を特に意識していなくても、AI は我々の使うアプリやサイトに使われていて、生活の利便性を高めてくれています。ネットで買い物をするのを手伝ってくれたり、必要な情報を選んで教えてくれたり、そのうちに自動運転の車も実用化されるでしょう。こうした具体例を書くための語彙は、このあと学ぶことにしましょう。

☐ **AI is applied to our daily lives and offers us more convenience.**
（AI は我々の日常生活に応用され、より多くの利便性を提供してくれる）

■■ 073　実用化する　put 〜 into use

AI によっていろいろなものが**実用化**されます。「実用化する」くらいはぜひ覚えておきましょう。

☐ **Self-driving cars will soon be put into use and they will revolutionize our lives.**
（自動運転の車はもうすぐ実用化され、そのことは我々の生活に革命を起こすだろう）

| ■■ 074 | 自動運転の車 | a self-driving car |

073 の例文でもう使ってしまいましたが，「自動運転の車」を表す語を確認しておきましょう。ここに挙げた a self-driving car 以外に，an autonomous car「自立した車」といった言い方もあります。

☐ **Self-driving cars will soon be put into use and they will greatly enhance mobility especially for elderly people and people with some disability.**

（自動運転の車はもうすぐ実用化され，それはとりわけお年寄りや何らかの障がいを持つ人にとって移動範囲を拡大してくれるだろう）

| ■■ 075 | 自動翻訳（機械翻訳） | automatic translation（machine translation） |

自動運転の車と並んでもう1つ，わかりやすく，なおかつ我々の生活へのインパクトの大きい AI と言えば自動翻訳です。専門的には自動翻訳と機械翻訳という用語は多少使い分けがされますが，日常用語としては同じことと思って差し支えありません。

☐ **Machine translation is breaking down language barriers and fostering cultural exchange between native speakers of different languages.**

（機械翻訳が言葉の壁を壊しつつ，異なる母語を持つ者同士の文化交流を促進している）

| ■■ 076 | アプリ | an app |

application software（アプリケーション・ソフトウェア）が正式名称で，日本語ではそれを「アプリ」と省略して呼びますが，英語では an app と略して言います。

☐ **There are many apps which, if used wisely, make your life more convenient.** （賢く使うと生活をより便利にしてくれるアプリがたくさんある）

| ■■ 077 | ～を搭載した | powered by ～ |

日常的によく見かける英語表現なのではないでしょうか。なんとなく意味はわかる感じだと思いますが，日本語訳を見るとしっくりくるのでは？

☐ **Today most apps are powered by AI and help users in many ways, understanding their intention.**

（今日ほとんどのアプリは AI を搭載していて，ユーザーの意図をよく理解していろいろな面で助けてくれる）

■■ 078　インターネットを見る　　browse (on) the internet

　ここからはネットに関する語彙を学びます。まず「ネットを見る」から。**ネットを「見る」**には，通例 **browse** を使います。もともとは「うろつく」という意味の自動詞だったのですが，最近は他動詞としての用例がはるかに多くなっているようです。ネットを見るためのアプリを「ブラウザ」と言うので，そこからの連想ですぐ覚えられるでしょう。

☐ **People today spend too much time** browsing (on) the internet **and it affects them both mentally and physically.**

（最近の人はネットを見るのに時間を使いすぎていて，そのことが心と体に影響を与えている）

■■ 079　SNS　　　　　　　　　social media

　日本語では「SNS」と言いますが，英語では social media という言い方が普通です。media は medium の複数形なのですが，最近では単数扱いする人も増えてきているのであまり神経質にならなくてよいです。ただし，✕ medias のように，さらに -s をつけて複数形にするのはダメです。

☐ **By using** social media, **you can interact with people you share the same interests with.**

（SNS（ソーシャルメディア）を利用することで，同じ興味を共有する人たちと交流することができる）

■■ 080　検索する　　　　　　　google / search for 〜

　日本語でも，ネットで情報を検索することを「ググる」と言いますが，英語でも google を動詞として使うことができます。もう少しちゃんと表現したければ search for 〜でもよいですが，使い方が少し難しいので，次の表を参考にしてください。

▌ search の使い方

☐ **search ＋場所**	search the internet	探す場所が動詞のあとにくるときは他動詞
☐ **search for ＋物**	search for information	探す対象物がくる場合は for をつけて自動詞として使う

04
インターネット・人工知能（AI）などテクノロジーに関する語彙

☐ **You can google any information you want to get on the internet.**
= You can search the internet for any information you want to get.
(ネット上で欲しい情報を何でも検索することができる)

| ■■ 081 | 人と直接
話さなくなる | lose the habit of communicating with
other people face to face |

　ここからは IT 技術に頼った生活を送ることから生じるネガティブな側面と，それを表す語彙を見ていきます。まず IT に頼りすぎていると，生身の人間とのコミュニケーションをしなくなります。わかりやすい欠点です。**face to face** は「ネットを使わない生身の人間同士の」ということを表す表現で，形容詞としても（face-to-face communication のように），副詞としても（communicate face to face のように）使えます。

☐ **If you depend too much on information technology, you lose the habit of communicating with other people face to face.**
(もし情報技術にあまりに頼りすぎると，人と面と向かって話す習慣がなくなる)

| ■■ 082 | 依存症になる，ハマる | get addicted to ～ |

　ネットやテレビゲームや SNS やスマホなど，テクノロジーには中毒性が高いものが多いですよね。テクノロジーの負の側面の 1 つです。

☐ **The internet is something you get addicted to too easily, and many people waste a lot of time every day just browsing it without any purpose.**
(インターネットはあまりにハマりやすいものであり，多くの人は毎日目的もなくネットを見るのに多くの時間を浪費している)

| ■■ 083 | （スマホを）イジる | fiddle with ～ |

　口語的な表現です。「スマホをイジってばかり」という代わりに，「使って（use）ばかり」とか「見て（look at）ばかり」と言ってもよいのですが。

☐ **Everyone nowadays, from small children to elderly people, fiddle with their smartphones all the time, and it is a waste of time.**
(今どきの人はみな，小さい子どもからお年寄りまで，四六時中スマホをイジってばかりだが，これは時間のむだだ)

194

■■ 084 ～から気が散る　be [get] distracted from ～

「ハマる」「イジる」「気が散る」が，単純に考えてスマホに代表される身近なテクノロジーの3大欠点ですよね。**attract**「引きつける」の反対語が，**distract**「人を（集中すべきことから）引き離す」です。受け身で使うことに注意しましょう。ついでに，メールなどの「通知」を意味する **notification** も覚えておくと一緒に使えそうです。

☐ If you keep your smartphone within your reach while studying, you are distracted from studying by notifications.

（勉強しているときに手の届くところにスマホを置いておくと，通知で勉強から気が散る）

■■ 085 （SNS などへの）投稿　a post / a posting

「投稿」を意味する post（ポスト）は外来語として日本語にもなってきているので，なんとなく意味はわかる単語だと思いますが，確認しておきましょう。

☐ It's fun to read postings of your friends and of people you follow, and reply to them.

（友人やフォローしている人の投稿を読んだり，それにリプライをつけたりするのは楽しい）

■■ 086 バズる　go viral

「大騒ぎ」を表す buzz から日本語の「バズる」ができたわけです。けれども，「バズる」を表すのにもっとよく使われるのはここに掲げた **go viral** です。viral は virus の形容詞形。ウィルスのように「伝染する」が原義です。おもしろい投稿をして拡散されるのも，悪い意味で「炎上」するのも特に区別なく使われます。悪い意味での「炎上」という言い方もないわけではないですが（internet rage や internet anger など），普通に「誰かを怒らせる」と言えば十分です。

☐ Your post can go viral or make some people angry despite your good intentions. （投稿がバズったり，善意にもかかわらず誰かを怒らせることもある）

■■ 087 いいねをもらう　get likes

SNS にハマる理由を書くとしたら，このあたりを書くことになるでしょう。

☐ If your post on social media gets a lot of likes, you feel good.

（もし SNS への投稿がたくさんのいいねをもらえると，気分がよくなる）

■■ 088 | （メッセージなどを）誤解する | misinterpret / misunderstand

interpret は「解釈する」。misinterpret は「間違って解釈する」ということです。
misunderstand でも構いません。

☐ **Some people may misinterpret your post and get angry.**

（あなたの投稿を誤解して怒り出す人もいるかもしれない）

■■ 089 | フィルターバブル | filter bubble

「フィルターバブル」を受験生が自由英作文の中で取り扱うのは難しいとは思いますが，インターネットの負の側面として長文読解では今や必須の知識となっています。英作文でも自分で定義くらいは書けるようにしておくとよいかもしれません。下の例文を参考にしてください。

☐ **Another concern about the internet involves so-called filter bubble: people encounter only information that support what they believe or like because of the algorithms that decide the results of their search.**

（もう1つのネットに関する懸念は，いわゆるフィルターバブルに関するものだ。すなわち検索結果を選ぶアルゴリズムのせいで，自分がもうすでに信じている，または好きなことを助長してくれる情報しかネット上で出会わないということだ）

■■ 090 | 大衆監視 | mass surveillance

これも受験生が自由英作文の中で取り扱うのは難しい話題ですが，下の例文を参考にしてください。

☐ **The biggest concern about e-money is that when you buy something with e-money, they record your purchase history, and even if the data are not abused immediately, it is a bit unsettling. This situation is called mass surveillance.**

（電子マネーでの一番大きな懸念は，電子マネーで何かを買ったときに購入履歴が記録されていて，たとえそのデータがすぐには悪用されなくてもちょっと気持ちが悪い。こういう状況を大衆監視と呼ぶ）

05 環境に関する語彙

■■ 091 環境を守る　　protect [preserve] the environment

「守る」は protect が最も一般的な表現。もう少し文語的表現で言い換えるなら、preserve「保全する」です。

☐ **Everyone must do whatever they can to protect the environment.**
（環境を守るために、誰もができることをすべきだ）

■■ 092 環境を破壊する　　destroy the environment

　二酸化炭素を排出するなどして温暖化を進める行為は、環境を「破壊」していますよね。以前は環境を「汚染する」pollute と言ったものですが、近年、「汚染」より少し広い概念として「破壊」という言葉を使うのが普通になりました。その「破壊する」が destroy です。意外に思いつけない表現かもしれませんから、確認しておきましょう。

☐ **We must work hard to prevent the environment from being destroyed.**　（環境が破壊されるのを防ぐために、我々は頑張らなければいけない）

■■ 093 環境破壊　　environmental destruction

　092 destroy the environment の名詞形です。書けるか、確認しておきましょう。

☐ **We must be aware that the use of plastic products leads to environmental destruction.**
（プラスチック製品を使うことが環境破壊につながることを我々は意識しなければいけない）

■■ 094 環境に優しい・持続可能な　　eco-friendly・sustainable

　もとは「環境に優しい」environmentally-friendly という表現があったのですが、長くて面倒なので eco-friendly と呼んだり、さらには近年よく日本語でも耳にするようになった「持続可能な」sustainable という表現を代わりに使ったりします。

☐ **The bicycle is a sustainable way of transportation because it doesn't consume petroleum or emit greenhouse gases.**
（自転車というのは持続可能な移動手段である。というのも、石油も使わないし、温室効果ガスも出さないからだ）

■■ 095 気候変動　　　　　　climate change

「温暖化」global warming でもよいのですが，近年は単に気温が上がるだけでなく，異常気象のようなことも頻発しています。そうしたものも全部含めて，「気候変動」climate change と呼ぶのが普通になりつつあります。

☐ We must be aware that by emitting greenhouse gases we are contributing to climate change.

（我々は温室効果ガスを放出することで気候変動の一因になっているのだと意識しなければいけない）

■■ 096 温室効果ガスを排出する　emit [produce] greenhouse gases

　名詞形の emission「（ガスなどの）排出」のほうが日本語にも外来語として入ってきていますが，動詞形は emit です。「温室効果ガス」greenhouse gases は，ほぼ日本語と同じなので覚えるのに苦労はしないでしょう。二酸化炭素が有名ですが，それ以外も家畜から出るメタンガスなどいろいろな温室効果ガスがあるので，複数形で使うことが多いはずです。

☐ In addition to cars, raising livestock is also bad for the environment because it emits greenhouse gases.

（車に加え，家畜を育てることも環境に悪い。というのも，家畜も温室効果ガスを出すからだ）

■■ 097 石油　　　　　　　　petroleum

　英作文初心者は「石油」というと oil と書くようですが，oil は「油」。範囲が広すぎます。「石油」は petroleum です。それ以外の語彙も含めて，下の例文で確認してください。

☐ We must try to drive less because cars consume petroleum, a non-renewable natural resource, and emit greenhouse gases.

（我々は車に乗る機会を減らすよう心がけるべきだ。というのも，車は再生不可能な天然資源である石油を消費し，温室効果ガスを排出するからだ）

■■ 098 | まだ使えるものを捨てる | throw away still usable things

「捨てる」は throw away が最も一般的です。代名詞の場合は throw it away のような語順になることに注意してください。語感からすると「ポイ捨て・不法投棄をする」という意味になると思うかもしれませんが，普通に廃棄することを表します。「まだ使えるもの」still usable things も，日本語に似ていておもしろい表現ですね。こうした表現は自由英作文対策として，まとめて覚えておきましょう。

☐ **It is bad for the environment to throw away still usable things.**
（まだ使えるものを捨てるのは環境によくない）

■■ 099 | ポイ捨てする，ポイ捨てゴミ | litter

098 で述べたように，throw away には特に「ポイ捨てする」という意味はなく，「ポイ捨てする」には litter という別の動詞を使います。「ポイ捨てされたゴミ」という意味の名詞でも使えます。

☐ **When we go hiking, we must respect nature and avoid littering.**
（ハイキングをするときには自然に敬意を払い，ポイ捨ては避けなければいけない）

■■ 100 | ゴミを分別する | separate [sort] the garbage

「家庭ごみ」は garbage が最も一般的です。「分別する」は separate か sort または sort ～ out を使います。

☐ **Sorting your garbage out is a hassle, but it is the first step in protecting the environment.**
（ゴミを分別するのは面倒だが，環境を守る第一歩だ）

■■ 101 | 廃棄物 | waste

家庭ごみよりもう少し広い範囲での「不要になったもの」を日本語で「**廃棄物**」と言いますが，それにだいたい相当する英単語が waste です。英作文としては industrial waste「**産業廃棄物**」，plastic waste「**プラスチック廃棄物**」，food waste「**食品廃棄物（フードロス）**」という組み合わせを覚えておけば十分です。

　スーパーのレジ袋が有料化されたり，ストローを紙のものに代えたりする店が出てきているのは，**プラスチック製品（plastic products）**がきちんと回収されずに長い

年月の間に**マイクロプラスチック**（microplastics）と呼ばれる砂粒のような破片に分解され，海に堆積することを危惧してのことです。このあたりのメカニズムを英語で簡単に説明できるように，下の例文を参考にしてください。

☐ **Plastic waste is decomposed into microplastics over the years and is deposited in the ocean.**

（プラスチック廃棄物が長年の間にマイクロプラスチックに分解され，海に堆積する）

■■ 102	化学繊維の洋服	chemical [synthetic / artificial] fiber clothes

101 で述べたマイクロプラスチック問題ですが，とりわけファストファッション（比較的安価な衣料販売チェーン）で多用される化学繊維の衣服を洗ったときに，マイクロプラスチックを生み出すことが懸念されています。

☐ **Chemical fiber clothes are also responsible for microplastics, because when washed they produce microplastics.**

（化学繊維の衣服もマイクロプラスチックの原因である。というのも，洗濯されたときにマイクロプラスチックを出すからだ）

■■ 103	食べ残しを安全に保存して再利用する	store leftovers safely and reuse them

もう１つの身近な環境問題が**フードロス**問題です。食べ物を生産するためには必ず環境に負荷がかかりますから，そうしたことを最小限に抑えようということです。そもそも食べられる以上のものを買わなければよいのですが，ここでは余ったときにどうするかという観点での例文です。

☐ **It is important to store leftovers safely and reuse them to reduce food waste.**

（食べ残しを安全に保存し，再利用することは，フードロスを減らすために重要だ）

■■ 104 | 健康を維持する | stay healthy / stay well

　日本語では「健康」という名詞を使いますが，英語の場合，「**健康な**」という形容詞 **healthy** または **well** などを使います。**stay** は「滞在する」という意味以外に「〜のままいる」といった意味があり，とりわけ「よい状態を維持する」という意味ではよく使われます。たとえば，**stay young**「若さを保つ」，**stay calm**「冷静でいる」などです。

☐ **You have to be careful about your diet to stay healthy.**
　（健康を維持するために，食生活には気をつけなければいけない）

■■ 105 | 身体によい | be good for your health

　日本語の「身体」は body ではなく，ほとんどの場合，「健康」health に置き換えて英訳するとうまくいきます。

☐ **Early to bed and early to rise is good for your health.**
　（早寝早起きは身体によい）

■■ 106 | 体力をつける | get fit

　「体力」は fitness ですが，「体力をつける」は「**体力のある**」という意味の形容詞 **fit** を使って表現します。**104**に挙げた stay healthy と同様です。

☐ **You can get fit by getting exercise regularly.**
　（定期的に運動することで体力をつけられる）

■■ 107 | 人を癒やす | heal

　heal はもともと「（けがが）治る」という意味の動詞であり，もちろんその意味でも使ってよいのですが，自由英作文という観点からはこの「癒やす」という意味が重要です。「癒やしになるような」という意味で **healing** という形容詞もあります。

☐ **Pets heal you.**
　（ペットは癒やしになる）

■■ 108	適度な（定期的に）運動をする	get moderate (regular) exercise

この表現は和文英訳の入試問題で頻出。自由英作文では意外に使う機会は少ないかもしれませんが，健康の3要素「適度な運動」，「バランスのよい食生活」，「夜ぐっすり眠る」を表す英語表現は確認しておきましょう。まずは，「適度な運動をする」からです。「運動をする」は get exercise 以外にも do exercise や take exercise と言う人もいるので，「する」に相当する動詞はあまり気にしなくてもよいですが，「適度な」moderate という形容詞と「定期的な」regular という形容詞はぜひ覚えておいてください。

☐ **Getting moderate exercise is good for your health and helps you to stay young.**

（適度な運動をすることは身体によいし，若々しくいるための一助となる）

■■ 109	バランスのよい食生活をする	have a (well-) balanced diet

「バランスのよい」という形容詞は，well-balanced でも単に balanced でも，それも忘れたら healthy でもよいのですが，a diet「食生活」という名詞はぜひ使ってほしいところです。

☐ **Having a balanced diet is essential to staying healthy, so it is a bad idea to eat junk food, no matter how busy you are.**

（バランスのよい食生活は健康でいるのに必要不可欠なので，たとえどんなに忙しくても，ジャンクフードを食べるのはよい考えではない）

■■ 110	夜にぐっすり眠る	get a good night's sleep

ここに挙げたのが「ぐっすり眠る」の定型的な表現ですが，例えば sleep enough のように言ってもまったく構いません。これに関しては，それほどこの定型的な表現にこだわる必要はありません。

☐ **Prohibiting children from playing video games makes sense, because children who play them tend to stay up late even though getting a good night's sleep is really necessary for children.**

（子どもがテレビゲームで遊ぶのを禁止するのは道理にかなっている。というのも，子どもにとって夜ぐっすり眠るのは本当に必要なことなのに，テレビゲームをする子どもは夜更かしする傾向があるからだ）

202

■■ **111** 肥満になる　　　　　　become obese

　自由英作文対策としては，健康の害を表す表現を覚えておくことが大切です。まずは，「太っている，肥満の」という形容詞からです。これは **be overweight** か **be obese** で，とりわけ後者のほうが病理学的に深刻な状態を表します。名詞形 **obesity** ともども確認しておきましょう。

□ It is important to be careful about your diet to avoid becoming obese; obesity is the biggest factor of chronic diseases.

（肥満になるのを防ぐために食生活には気をつけることが重要だ。肥満は生活習慣病の一番大きな要因である）

■■ **112** 生活習慣病にかかる　　　get chronic diseases

　「生活習慣病」という言葉は日本の医師が作った言葉であり，ピッタリした英語はありませんが，普通 **chronic disease** と呼ばれます。chronic は「慢性的な」という形容詞です。生活習慣病に限らず，**病気に「かかる」は基本 get** を使います。

□ It is really necessary to get regular exercise, because obese people are more likely to get a chronic disease than those who are not.

（定期的に運動をすることは本当に大切だ。というのも，肥満の人はそうでない人より生活習慣病にかかりやすいからだ）

■■ 113　授業に出席する　　　attend a class

この意味での attend は**他動詞**です。また，「授業」を a lesson と書く人がいますが，a lesson には「教訓」という意味があるのでもわかるように，あくまでも「**授業で学ぶ内容**」だけを指します。一般的に「授業」は **class** です。また，下の例文にもあるように，「**遠隔授業**」は **an online class**，「**対面授業**」は **a face-to-face class** と呼ぶのが一般的です。

☐ **It is a very different experience to attend an online class because the lecturer and the students see each other only on their computer screen.**

（遠隔授業に出席するというのはまったく別の経験である。というのも，先生と生徒たちはお互いにコンピューターの画面上でしか顔を合わせないからだ）

■■ 114　休み時間　　　a recess / a break

recess は意外に知らない人が多いです。「景気後退，不況」を表す recession や「後退する」を意味する recede と同じ語源。「**職場などから家に戻る**」の意味から「**国会などの閉会時期**」も表すし，「**学校の休み時間**」も表します。

☐ **Students should be allowed to use their cellphones during recesses.**

（休み時間中，学生たちは携帯電話を使うことを許されるべきだ）

■■ 115　学力　　　academic ability

academic は，言うまでもなく「**学術的な**」です。

☐ **Many people say the academic ability of students is declining, but I don't think it is the case.**

（多くの人は学生の学力が低下しつつあると言うが，私はそれが事実とは思わない）

■■ 116　国語力　　　verbal ability

「読む能力」なので reading ability と言っても構わないのですが，verbal は「**言葉の**」。つまり，もう少し広く「**言語運用能力**」ということです。

☐ **Reading is important because it is one of the ways to improve your verbal ability.**

（読書は大切だ。というのも，国語力を伸ばす方法の１つだからだ）

■■ 117	高等教育を受ける	get a higher education [college education]

「高等教育」には higher という比較級を使います。高校までの「**中等教育**」 secondary education の上に相当するという意味合いです。「**受ける**」は p.174で述べたように **get** を使ってください。

☐ **Everyone has the right to get a higher education.**

（万人が高等教育を受ける権利を有している）

■■ 118	授業料	tuition

この単語はわりと知っている人が多いようです。勉強を教えてくれるチューター（tutor）などと同語源。授業料だけではなく，もう少し広く「**教育費**」という場合には p.176で紹介した **educational expenses** を使います。

☐ **College tuition should be made free so that anyone can get a higher education.**

（誰もが高等教育を受けられるよう，大学の授業料は無償化されるべきだ）

■■ 119	大学	college

よく総合大学は university であり，単科大学は college であるなどと言いますし，確かにそういった使い分けがされる場面もありますが，基本的には「**大学**」はすべて **college** と言えば間違いがないです。school と同様，特別の事情がない限りは**無冠詞**で使ってください。

☐ **Studying is not the only reason you go on to college: you can also get acquainted with a lot of people there.**

（勉強だけが大学に進学する唯一の理由ではない。多くの人とそこで知り合うこともできる）

■■ 120 詰め込む　　　　　cram

　塾や予備校のことを英語では a cram school と言いますが（もちろん正式名称ではなく蔑称です），cram がもともと「詰め込む」という動詞だからです。〈cram ＋物 ＋ into ＋人〉「人に物を詰め込む」という形で使うのがわかりやすいかと思います。または，自動詞的に「一夜漬けをする」のようにも使えます。

☐ **Japanese schools focus only on cramming a lot of facts into students.**
　（日本の学校は，学生にたくさんの知識を詰め込むことばかりに注力している）

■■ 121 知識を暗記する　　　　memorize facts

　「知識」というと knowledge という単語が思い浮かぶと思いますが，knowledge はよい意味での「知識」を意味します。 **120** の例文にすでに使ってしまいましたが，「知識を詰め込む」とか「知識を暗記する」のようなネガティブな意味の「知識」は，facts（複数形：細々した事実たちという意味で）を使います。また，「暗記する」の memorize も意外に思いつかない人が多いようです。

☐ **Just because you have memorized a lot of facts, it doesn't mean you are a wise person.**
　（たくさんの知識を暗記したというだけの理由で，賢い人間であるとはいえない）

■■ 122 試験でよい点を取る　　　get a good score on an exam

　「試験の点」は a score，それによってつく「成績」は a grade です（grade には「学年」の意味もあります）。「満点を取る」なら get a perfect score。

☐ **You don't study just to get a good score on an exam.**
　（試験でよい点を取るためだけに勉強をするわけではない）

■■ 123 集中する　　　focus on ～ / stay focused on ～

　「集中する」というと concentrate on ～ を思い浮かべる人が多いと思いますし，それでも問題ないのですが，**focus on ～** やその形容詞型である **focused** を使うほうが普通です。

☐ **It is difficult to stay focused in an online class.**
　（遠隔授業では集中を保つのが難しい）

■■ 124 〜を専攻する　　　　major in 〜

major は**自動詞**である点に注意してください。

☐ **I would like to major in math in college.**
（大学では数学を専攻したい）

■■ 125 課外活動　　　　extracurricular activities

難しく見える単語ですが，「カリキュラム」curriculum の形容詞形 **curricular** に **extra-**「〜外の」という接頭辞がついてできたものです。主に，部活とボランティア活動を合わせた総称です。

☐ **Admission criteria should include applicants' history of extracurricular activities.**
（入試選抜基準は志望者の課外活動の記録も含めるべきだ）

■■ 126 ボランティア活動　volunteer work / volunteer activities

日本語では「ボランティアをする」のように「ボランティア」と言うだけで「活動」を表せますが，英語の a volunteer は「ボランティアをする人」しか意味しません。「活動」はちゃんと上記のように表現しないとダメです。**work** は「仕事，活動」という意味では**不可算名詞**であることに気をつけてください。

☐ **Doing some volunteer work, like visiting a nursing home, is meaningful for students, because it teaches them how people should help each other.**
（老人ホームを訪問するなどボランティア活動をするのは，学生にとって意味がある。というのも，人はお互い助け合わなければいけないということを教えてくれるからだ）

127 （友だちと）遊ぶ　　go out with ＋人 / socialize with ＋人

「友だちと遊ぶ」と言うときに，小学生程度の子どもなら〈play with one's friends〉でよいですが，大人の場合は play は使いません。大人の場合は友人と遊ぶというのは結局，一緒にどこかに出かけることを指しますよね。英語でも同様に〈**go out with ＋人**〉というのが，口語的ですが普通の表現。もう少し難しく言うなら，〈**socialize with ＋人**〉「人と社交する」です。

☐ **I think high school students need more time to socialize with their friends.**

（高校生はもっと友だちと遊ぶ時間を必要としていると思う）

128 （人と）交流する　　interact with 〜

127 とほぼ同類語。「交流する」は interact です。

☐ **By studying abroad and interacting with students from all over the world, you can broaden your view.**

（留学をして世界中から来た学生と交流することで，視野を広げることができる）

129 人脈を作る　　network

我々の言う SNS（対話機能を主軸にしたインターネット上のコミュニティサイト）が social networking service の略であることからもわかるように，**network** は「人脈を作る」という動詞として使えます。

☐ **Going to college provides an opportunity to network.**

（大学進学は人脈を作るという機会を与えてくれる）

130 アルバイトをする　　work part-time

part-time は **a part-time job** のように**形容詞**として使うこともできるし，**I work part-time.** のように**副詞**として使うこともできます。反対語は full-time であり，こちらも形容詞としても副詞としても使えます。

☐ **Working part-time a few days a week doesn't harm you: you can still have a lot of time to study and go out with your friends.**

（週に数日アルバイトをしても害にはならない。ちゃんと勉強の時間も友だちと遊ぶ時間も持てる）

08　社会問題に関する語彙

■■ 131　老化する　　　　　　age

　和文英訳の問題で「日本は高齢化社会になりつつある」といった文の英訳を Japan is becoming an aging society. のように書いてある答案をよく見かけますが，本当は下の例文のように言えばよいだけです。なぜか an aging society「高齢化社会」という形で使わなければいけないという思い込みがあるようですが，単に age「老化する」という動詞を使って表すことができます。

☐ **Japanese society is aging rapidly.**

（日本社会は急速に老化しつつある）

■■ 132　年金制度が崩壊する　The pension system will collapse.

「年金」は pension。ホテルの小さいようなものもよくペンションと言いますが，もともと「くつろぐような場所」，「老後にくつろぐ資金」という，同じところから派生しています。「崩壊する」は collapse です。何でも break と書いてしまうのは感心しません。

☐ **If the Japanese population ages at the present rate, the pension system will collapse soon.**

（もしも日本が現在のスピードで老化すると，年金制度はほどなく崩壊する）

■■ 133　労働力を補完する　complement labor [work] force

　昔は「労働力」のことは manpower などと言ったものですが，"man" という時点で性差別的であり，労働者を "power" と呼ぶのも少し失礼な話なので，現在は一般的には labor force と言います。さらに婉曲的な表現として human resources と呼んだりもします。「補完する」の complement はぜひ覚えておきたい単語。これからの少子化に際し，AI か移民か誰かが労働力不足を補完しなければいけませんので。なお，complement は文法用語の「補語」と同じ単語です。

☐ **It is necessary to accept immigrants to complement the shrinking labor force.**

（減りつつある労働力を補完するのに，移民を受け入れることが必要だ）

■■ 134　（女性が）外で働く　　　work outside the home

「働く」work だけでもよいのですが，家事労働と区別するならこのような表現を使います。outside は副詞のイメージが強いかもしれませんが，このように前置詞としても使われます。

☐ **Now it is the norm for married women to work outside the home.**
（今や既婚女性が外で働くのは当たり前になっている）

■■ 135　進出する　　　advance

この advance という単語を「進歩する」と覚えている人が多いようですが，もともとは「前進する」。さらにはスポーツで決勝戦などに「進出する」のも advance です。ただし，日本語での「社会進出する」は今まで働かなかった女性が働くようになることを主に指しますが，英語の advance はどちらかというと職場などで重要な地位につくことを指します。

☐ **Women are advancing in their workplace.**
（女性が職場で進出を果たしつつある）

■■ 136　育児休暇を取る　　　take a maternity leave

leave は「立ち去る」といったような意味の動詞として知っていると思いますが，**take a leave**「休暇を取る」のような形で名詞としても使えます。maternity はすでに日本語になっていますよね。ただし，少し悩ましいのは，もともと maternity はラテン語の mater「母」由来の語であり，父親が取る育児休暇は同じくラテン語の pater「父」由来の **paternity leave** という言い方をして区別することです。もっともこの区別は，父親も育児休暇を取るようになった最近生まれたものでもあり，受験生がそこまで区別することが必要かどうかはまた別問題ではありますが。

☐ **Parents should be able to take a maternity or paternity leave without feeling a sense of guilt.**
（親は罪の意識を感じることなく，育児休暇を取ることができるはずだ）

■■ 137 保育園   **a nursery**

「**保育園**」の拡張は子どもを持つ人々が働く環境づくりとして筆頭に挙げられるかもしれません。nurse「看護師」と同語源で覚えやすいと思います。**a daycare center** でもよいです。日本語では「デイケアセンター」は老人向けの施設を指しますが，英語では保育園です。また **a nursery** は「保育園」ですが，**a nursing home** は「老人ホーム」。紛らわしいですね。

☐ **There should be more nurseries so that women with children can work more easily.**
（子どもを持つ女性がもっと楽に働けるよう，もっと保育園がたくさんあるべきだ）

■■ 138 差別する   **discriminate against ～**

日本語では「～を差別する」と言いますが，英語では against をつけて discriminate を**自動詞**として扱うことに注意をしてください。受け身もきちんと書けるように，下の例文で確認してください。

☐ **In Japan, women are still discriminated against in the labor market.**
（日本では，女性は労働市場で相変わらず差別されている）

■■ 139 偏見を持っている   **be prejudiced [biased] against ～**

「偏見」を表す名詞は **bias** や **prejudice** ですが，形容詞形 **biased / prejudiced** が便利です。biased のほうは必ずしも悪い意味とは限りません。例えば，子どもの才能を実際以上に考えてしまう「親ばか」も，be biased です。それに対して **prejudiced** は，明確に悪い意味での「偏見のある」を指します。

☐ **Many Japanese people are prejudiced against immigrants.**
（多くの日本人は移民に対し偏見を持っている）

■■ 140 代表されていない，数が少ない   **be underrepresented**

難しいですが知っていると便利な表現。**under-**（過小に）+ **represent**（代表する）という成り立ちです。

☐ **Women are underrepresented in politics.**   （政治の世界で女性は数が少ない）

08

社会問題に関する語彙

■■ 141 ガラスの天井　a glass ceiling

　これも難しい表現ですが，女性の社会進出について論じるときには欠かせない概念です。日本語でもしばしば耳にしますが，目に見えないけれども女性の出世を妨げる壁（天井）を表します。

☐ **There is still a glass ceiling, which prevents women from making a career.**
（相変わらずガラスの天井があり，それが女性が出世するのを妨げている）

■■ 142 貧富の格差　the gap between rich and poor people

「格差」は **a gap** です。

☐ **We should not allow the gap between rich and poor people to widen further.**
（貧富の格差がこれ以上広がるのを許すべきではない）

■■ 143 社会的弱者　the socially vulnerable

　単語集などで〈be vulnerable to ～〉「～に対し傷つきやすい，弱い」などと覚えているのではないでしょうか。簡単に言えば，**vulnerable** は **weak** の同類語です。〈**the + 形容詞**〉は「～の人々」を表します。ほかに類例を挙げるなら，the unemployed「失業者たち」，the homeless「ホームレスの人たち」など。さらに，下の例文中の **a basic income**「ベーシックインカム」，**a minimum wage**「最低賃金」といった語彙にも注意を払ってください。

☐ **The government should take some measures to protect the socially vulnerable such as introducing a basic income or raising the minimum wages.**
（政府は社会的弱者を守るためにベーシックインカム導入とか最低賃金の引き上げといった何らかの対策を取るべきだ）

■■ 144 社会的流動性 　　　social mobility

mobility は **074** の例文に出てきました。自動運転の車が人々の **mobility**「**可動性（移動範囲）**」を拡大してくれるという文脈でした。さらには，社会の中の流動性という意味でも使えます。議員や医者になるのは政治家や医者の子どもばかりというのは，まさに社会的流動性が低いということです。

☐ **Social mobility is disappearing; it is only children of doctors that become doctors, and the same is true of politicians.**

（社会的流動性が失われつつある。医者になるのは医者の子どもだけだし，同じことが政治家にもいえる）

■■ 145 会社のために働く 　　　work for the employer

日本語では「会社のために」働くと言いますが，必ずしもみなが会社に勤めているわけではないですよね。公務員のように政府や自治体に雇われている人，団体職員のように何らかの団体に雇われている人もいます。英語では「雇用者のために」働くというのが普通です。

☐ **Many Japanese people assume that employees must work hard for their employers for life.**

（多くの日本人は，労働者は雇用者のために生涯一生懸命働かなければいけないと思い込んでいる）

■■ 146 ワークライフバランス 　　　work-life balance

work-life balance（ワークライフバランス）は，最近日本でもかなり使われるようになりました。仕事もするけれども自分の趣味や家族との時間も大切にすることです。また，下の例文にあるように，「**残業する**」は **work overtime**。overtime は **130** の part-time などと同じように副詞として使えます。

☐ **Few-Japanese people think about work-life balance, but it is important; instead of working overtime or on holidays, they should spend time with their family.**

（ワークライフバランスについて考えている日本人はほとんどいないが，それは重要だ。残業したり休日に働く代わりに，家族と時間を過ごすべきだ）

■■ 147 過労死する　　　die of overwork

見れば意味がわかる単語でも，自分で使えるように確認しておきましょう。

☐ **Some people even die of overwork.** （過労死をする人さえいる）

■■ 148 ブラック企業　　a company that exploits its employees

英語には「ブラック企業」という語はないので，少し説明的に書くしかありません。exploit は「搾取する」です。

☐ **There are many companies in Japan that exploit their employees.**
（日本にはブラック企業がたくさんある）

■■ 149 繁栄する　　　prosper

英作文の初心者はよく develop という単語を使いますが，develop は「発展する」。後進国がそれなりに力をつけることです。それに対して，それよりもう少し上の段階は「繁栄する」と言うべきです。類語はいろいろありますが，**prosper** がオススメ。形容詞形は prosperous です。

☐ **It is necessary to accept more immigrants so that the Japanese economy will prosper.**
（日本経済が繁栄するように，移民をもっと受け入れることが必要だ）

■■ 150 不況　　　recession

受験生の多くは「不況」を depression と書くようですが，これは「恐慌」。「恐慌」は「不況」よりはるかに深刻な状態です。普通の「**不況，景気後退**」は **recession** です。

☐ **Due to the prolonged recession, wages are unlikely to be raised.**
（長引く不況で賃金も上がりそうにない）

■■ 151 観光業　　　tourism / the tourist industry

難単語ではないので，英作文でも使えるようにしておきましょう。

☐ **Some people think tourism is the only promising industry in Japan.**
（観光業だけが日本の唯一の有望な産業だと考える人もいる）

■■ 152　オーバーツーリズム　　overtourism

オーバーツーリズムは日本だけではなく世界的に起こっている現象ですし，今後，自由英作文のテーマとして取り上げられる機会も増えそうです。下の例文のように簡単に定義できるようにしておくとよいでしょう。

☐ **These days people talk a lot about overtourism: a phenomenon in which too many tourists disturb residents' lives.**
（最近オーバーツーリズムという言葉をよく耳にする。すなわち，あまりに多くの旅行者が住民の生活をじゃまするという現象である）

■■ 153　外国人観光客　　inbound tourists

これも近年よく日本語でも耳にするようになった表現です。inbound は「内側に向かう」，逆に outbound は「外側に向かう」というくらいの意味の形容詞。「日本の内側に向かう観光客」ということで，「日本を訪問する観光客」という意味になるわけです。なお，日本語では「外国人観光客」という言い方をしますが，国籍はあまり関係ないので，英語ではその直訳でなく，inbound tourists とするのがよいでしょう。

☐ **An increase in the number of inbound tourists is actually disturbing the lives of residents.**
（外国人観光客の増加が，実際に住民の生活を妨げている）

■■ 154　選挙権を持つ年齢　　the voting age

選挙権（the right to vote）が18歳に引き下げられたときには自由英作文でもその賛否を問う問題が盛んに出題されましたが，現在は少し旬を過ぎた話題になったかもしれません。けれども，基本語彙として確認しておきましょう。日本では昔は「成人」は20歳と決められていましたが，現在は選挙権は18歳で，タバコやお酒は20歳でというように一律でなくなりました。英語圏でも事情は同じで，一律に「成人」という代わりに the voting age「選挙権を持つ年齢」，the drinking[smoking / driving] age「飲酒［喫煙，運転免許］が認められる年齢」のように表現します。

☐ **It is not fair that while the voting age has been lowered to 18, the drinking age remains at 20.**
（選挙権を持つ年齢が18歳に引き下げられたのに対し，お酒を飲める年齢が相変わらず20歳のままなのは，ずるい）

08

社会問題に関する語彙

215

大矢　復（おおや ただし）

代々木ゼミナール講師。東大文学部イタリア文学科卒，留学を経て，東大大人文科学研究科大学院フランス文学専攻課程修士。高校生時代は英語が苦手で徹底的に英語から逃げ，大学もドイツ語を独学して受験。そんなに語学が嫌いだったはずが，気づけばずっと語学と向き合って生きている。結局，英語を日本の学校で学んだことがなく，ガラパゴス的な進化を遂げた日本の英語教育にはいつも違和感をもち，それを発信し続けるのが天職と自認。私生活では古典語に親しみ，ラテン語でヴェルギリウスやセネカを読み，古典ギリシャ語でプラトンやヘロドトスを読む日々。同時にトライアスロンの練習（スイム・バイク・ラン）に勤しんでいる。囲碁有段。料理好き，酒好き，旅行好き，ネコ好き，読書好き。

●英文校閲　　Karl Matsumoto

●画像提供　　ユニフォトプレス（p.164）

大学入試
英作文ハイパートレーニング 自由英作文編 Plus
一文をつくることからはじめる自由英作文

2024 年 7 月 10 日　初　版第 1 刷発行

著　者	大矢　復
発行人	門間 正哉
発行所	株式会社 桐原書店
	〒 114-0001
	東京都北区東十条 3-10-36
	TEL：03-5302-7010（販売）
	www.kirihara.co.jp
装丁・本文レイアウト イラスト・DTP	川野有佐
印刷・製本	TOPPAN クロレ株式会社